Burkhard Rudat
VILLA SONNENSCHEIN

Burkhard Rudat

Villa Sonnenschein

Hoffnungsgeschichten aus der Ukraine

francke

Über den Autor:
Burkhard Rudat ist seit 1977 in Osteuropa tätig und leitet seit 1995 „Brücke der Hoffnung e.V.", ein überkonfessionelles Missionswerk, das in Russland und in der Ukraine arbeitet. Im Mittelpunkt der Arbeit steht die geistliche und materielle Hilfe für Menschen am Rande der Gesellschaft, vor allem Kinder, Jugendliche und arme Familien.

Bibliografische Information Der Deutschen Bibliothek
Die Deutsche Bibliothek verzeichnet diese Publikation in der Deutschen Nationalbibliografie; detaillierte bibliografische Daten sind im Internet über http://dnb.ddb.de abrufbar.

ISBN 978-3-86827-494-3
Alle Rechte vorbehalten
© 2015 by Verlag der Francke-Buchhandlung GmbH
35037 Marburg an der Lahn
Fotos von „Brücke der Hoffnung"
Umschlaggestaltung: Verlag der Francke-Buchhandlung GmbH /
Christian Heinritz
Satz: Verlag der Francke-Buchhandlung GmbH
Printed in Czech Republic

www.francke-buch.de

Inhalt

Für meine Frau Renate,
unsere beiden Töchter Damaris und Rebekka
und für unsere Mitarbeiter,
die hoffnungslosen Kindern in der Ukraine
neue Hoffnung schenken.

Prolog

Müde lasse ich mich ins Auto sinken. Hinter mir liegen anstrengende Wochen und nun steht eine wichtige Mitarbeiterkonferenz in der Ukraine an. In den Stunden vor meinem Flug nach Osteuropa habe ich noch letzte Dinge in unserem Missionsbüro erledigt.

Auf dem Frankfurter Flughafen schnappe ich mir schnell eine Sportzeitung. Ich will nichts mehr hören und sehen, nur noch abschalten. Erleichtert registriere ich im Flugzeug den freien Platz zwischen mir und einem jungen Mann. Mein iPod verwöhnt mich mit leiser Entspannungsmusik. Langsam finde ich wohlverdiente Ruhe.

Eine Stunde vor Moskau erhalten die Passagiere ein Einreiseformular, das ich bereits im Schlaf ausfüllen kann, doch mein Nachbar kämpft verzweifelt mit den Fragen. Schüchtern flüstert er: „Entschuldigung, können Sie mir helfen?"

Als wir fertig sind, fragt er höflich: „Warum fliegen Sie nach Moskau?"

Oh nein, ich habe überhaupt keine Lust auf eine Unterhaltung! Doch ehe ich mich versehe, befinden wir uns mitten in einem regen Gespräch.

Von zwölf Jahren, in denen ich Bibeln in Länder hinter dem Eisernen Vorhang geschmuggelt habe, erzähle ich und über Christen, die nach Sibirien verbannt wurden, weil sie ihren Glauben aktiv auslebten. Ich schenke Einblicke in den Untergang des Kommunismus, in eine Zeit, in der Gott ganz neue Türen öffnete und wir in finsteren, russischen Gefängnissen lebendige Gemeinden gründeten. Ich spreche über den sozialen Abstieg verzweifelter Menschen, deren Irrweg irgendwann auf stinkenden

Müllhalden endet und natürlich über unsere bewegende Arbeit unter Kindern.

Wie gebannt lauscht der Mann meinen spannenden Geschichten, versucht seine Gedanken zu sortieren: „Sie sind wohl ein sozial engagierter Mensch?"

Das kann ich natürlich nicht so stehen lassen. Ich erkläre ihm, dass ich Christ bin, dass Gott mich in diese Arbeit berufen hat, wie er uns immer wieder Kraft und die nötigen Finanzen für unsere Missionsarbeit schenkt, wie ich ihn im Alltag erlebe.

Holprig landet das Flugzeug auf einem verschneiten Rollfeld, als mir jemand sanft auf die Schulter klopft. Überrascht drehe ich mich zu einem jungen Mann um, der Tränen in seinen Augen hat.

„Entschuldigen Sie bitte, ich saß eine Reihe hinter Ihnen. Ich habe Ihr Gespräch gehört. Vor einem Jahr bin ich mit meinen Eltern und Geschwistern ausgewandert. In unserer Armut in Sibirien wurde uns Deutschland zum verheißenen Land, einem unerreichbaren Traum, einem wunderschönen Platz, an dem sich all unsere Probleme von alleine lösen. Doch genau das Gegenteil ist der Fall. Nun leben wir fern der alten Heimat, finden keine Freunde, keine Arbeit, fühlen uns wie ungewollte Fremdlinge, wissen nicht, wie es weitergehen soll.

Vor einigen Tagen ist meine Großmutter in Sibirien gestorben. Da hat mich unser Familienrat auf die traurige Reise geschickt, sie zu beerdigen. Ich fühle mich hilflos, elend, aber das, was Sie da gerade erzählt haben, hat mir neuen Mut geschenkt."

Da stehen wir im Gang eines russischen Flugzeugs, beide mit Tränen in den Augen. Vorsichtig lege ich meine Hand auf seine Schulter, spreche ein leises Gebet, danke Gott für diese wunderbare Begegnung.

In den nächsten Tagen lässt mich auf meiner Reise durch Russland und die Ukraine ein Gedanke nicht mehr los. Wie viele

Menschen um uns herum stecken in scheinbar unüberwindbaren Problemen, ohne die Kraft, ihrer traumatischen Vergangenheit zu entrinnen? Wie vielen raubt tiefe Hoffnungslosigkeit jeglichen Mut zum Leben? Andere suchen nach Hilfe, nach Antworten. Und wir Christen haben Antworten, könnten ermutigen, schweigen aber, aus welchem Grund auch immer.

Doch es geht nicht nur um andere, sondern auch um mich. Ich vergesse so viele wertvolle Erlebnisse, die ich mit Gott gemacht habe, Erfahrungen, die mir in schweren Zeiten Mut und neue Kraft schenken können.

Es geht darum, Gott Danke zu sagen für jeden Augenblick, an dem er mir zur Seite steht, für die Kraft, aus der ich leben darf, dafür, dass er mein Leben reich macht. Für all das möchte ich mit diesem Buch Gott *Danke* sagen!

1. Von Bibelschmuggel und Untergrundgemeinden

Spätherbst 1980. Reifen quietschen. Autotüren werden aufgerissen. Vier Volkspolizisten hasten auf unser Fahrzeug zu.

Wie gelähmt starrt der Schweizer Mitarbeiter unserer Mission auf die Polizisten. Angespannt hocke ich auf dem Rücksitz. Die Geheimfächer im Auto sind geöffnet. Ich bin gerade damit beschäftigt, christliche Literatur, die wir nach Ost-Berlin geschmuggelt haben, aus ihren Verstecken zu holen.

Blitzschnell werfe ich eine Wolldecke über die Bücher und die Öffnung vom Geheimfach, schaue auf einen Stadtplan, als wenn ich verzweifelt etwas auf der Karte suche, warte auf den unvermeidlichen Super-GAU.

Jahrelang schmuggelte das Schweizer Ehepaar Bibeln durch den Eisernen Vorhang. Nun befinden sie sich auf ihren Abschlussfahrten, bevor sie unsere Mission verlassen wollen – ein Tag Ost-Berlin, eine Woche zu ihren Lieblingskontakten in der DDR.

Am Mittag setzen wir die Frau bei der Botschaft ab, um Visa für ihre DDR-Reise zu beantragen. In der Zwischenzeit suche ich mit ihrem Mann einen sicheren Platz, an dem wir die christliche Literatur aus den geheimen Verstecken in unserem Fahrzeug holen wollen, um sie einer Kontaktperson zu bringen.

Doch wo ist in Ost-Berlin ein sicherer Ort für diese riskante Aktion? Schließlich landen wir in einem kleinen Waldstück, merken nicht, dass wir bereits, wenn auch nur um wenige Hundert Meter, die Grenzen von Ost-Berlin hinter uns gelassen haben. Hier können wir uns endlich an die Arbeit machen. Doch da nimmt das Schicksal seinen Lauf.

Da sind wir nun, ein Schweizer und ein Deutscher in einer großen amerikanischen Limousine mit holländischem Nummernschild, in der frühabendlichen Dunkelheit außerhalb von Ost-Berlin, auf einem matschigen Waldweg. Zu allem Überfluss stellen wir auch noch fest, dass der Schweizer keinen Pass bei sich hat. Den hat seine Frau in der Botschaft.

„Dokumente!"

Mit zitternden Fingern reiche ich dem unfreundlichen Beamten meinen Pass und die Fahrzeugpapiere. Misstrauisch stapfen die anderen Vopos um unser großes Auto herum, beleuchten es mit ihren Taschenlampen von allen Seiten.

Wohl selten habe ich so intensiv gebetet wie in diesem Augenblick. Sollte dieses Erlebnis das Ende meiner Missionstätigkeit sein?

Fragmente spannender Bilder vergangener Jahre ziehen wie Abenteuerfilme an mir vorüber. Tausende von Kilometern. Russland, Albanien, Rumänien, Bulgarien, Ungarn, Polen, Tschechoslowakei, die DDR.

In unserem Haus am Rand von West-Berlin verstecken wir seit 1977 Literatur in präparierten Autos, bis zu vierzehn Kofferladungen in einem Fahrzeug. Von hier aus machen sich Kuriere auf gefährliche Fahrten in den Osten.

KGB-Agenten verfolgen mich jedes Mal, wenn ich in Moskau mein Hotel am Roten Platz verlasse. Nicht heimlich allerdings, denn sie wollen mich nervös machen, mit ihren schwarzen Lederjacken und ihren lässigen Sonnenbrillen.

Immer wieder dasselbe Spiel. Einige Stationen mit der Metro fahren. Aussteigen. Im letzten Augenblick wieder in den Zug springen, bis alle abgeschüttelt sind. Mit dem Taxi in einen anderen Stadtteil fahren, um sich endlich frei bewegen zu können.

Ich treffe mich im Geheimen mit Leitern der Untergrundkirche oder mit verzweifelten Müttern kinderreicher Familien, die wir finanziell unterstützen, weil ihre Männer wegen ihres christlichen Glaubens in Straflager verschleppt wurden. Vor meinen nächtlichen Besuchen muss ich große Mengen Geld umtauschen, eine riskante Aufgabe.

Wir sitzen im Restaurant im Hotel Rossija, einem der am besten vom KGB beobachteten Hotels, gleich am Roten Platz. Möglichst unauffällig winke ich einen schlaksigen Kellner an meinen Tisch, flüstere ihm zu, dass ich Geld tauschen will.

„Kein Problem, kommen Sie in einer Minute zur Toilette."

Als ich ihm die riesige Summe nenne, beginnt der Mann unkontrolliert am ganzen Körper zu zittern. Hastig bietet er mir einen guten Wechselkurs an, der aber nicht meinen Erwartungen entspricht. Das Geld soll schließlich vielen Familien in ihrer Not helfen. Da muss schon mehr herausspringen.

Ärgerlich deutet mir der Kellner an, dass ich ein Halsabschneider sei. Bei dem von mir geforderten Wechselkurs müssten seine Kinder hungern. Achselzuckend wende ich mich ab, erkläre, dass ich ihm keine Unannehmlichkeiten bereiten will. Wir sollten die ganze Sache einfach auf sich beruhen lassen. Nun wird mein Gegenüber immer nervöser, denn ein so lukratives Geschäft will er sich natürlich nicht entgehen lassen.

Gemeinsam geht es durch den ersten Keller des Hotels Rossija, vorbei an Vorratsräumen und an Kammern mit Dienstkleidung für Angestellte. Im zweiten Kellergeschoss erreichen wir einen spärlich beleuchteten Raum. Ein korpulenter Mann trägt seinen „Safe" am Körper, einen langen Mantel mit eingenähten Taschen, voll mit Banknoten. In Windeseile blättert er mit seinen dicken

Fingern durch die Bündel von Geldscheinen. Schweiß strömt vor Aufregung über sein Gesicht.

Nachdem wir uns geeinigt haben, verabreden wir uns eine Stunde später auf einer Toilette. Am vereinbarten Treffpunkt bewachen bedrohlich aussehende Männer den Eingang. Wenig später sitze ich auf einer Toilette, der Devisenhändler nebenan. Unter der Trennwand wandern Dollarscheine in eine Richtung, Rubelbündel in die andere.

„Wo sind die Papiere von dem anderen Mann?" So ruhig wie möglich erkläre ich dem arroganten Volkspolizisten, dass die Frau meines Freundes mit den Papieren in der Botschaft sei. Noch immer leuchten die Beamten mit ihren Taschenlampen in unser Fahrzeug. Einer schaut sogar unter das Auto.

In diesem Moment muss ich daran denken, wie ich oft stundenlang an Grenzen stand, durchleuchtet von misstrauischen Zollbeamten, doch auf all den vielen Reisen hat Gott mich immer bewahrt.

Sommer 1977. Laut schnaufend quält sich unser VW Käfer über kurvenreiche Landstraßen ins rumänische Hochland. In den abgelegenen Bergdörfern sitzt man an diesem lauen Sommerabend gemütlich vor seiner Hütte und wundert sich, welches Ziel das westliche Fahrzeug wohl ansteuert.

Unser Ziel ist das letzte Dorf vor der russischen Grenze. Dort wollen Christen, versteckt unter dem Bauschutt einer Brückenbaustelle, Bibeln nach Russland schmuggeln. Meine Frau und ich haben zuvor mit einem Schweizer Ehepaar russische Bibeln in einem Wohnwagen nach Rumänien gebracht. Während unsere Frauen auf einem Campingplatz die Stellung halten, machen wir Männer uns im VW Käfer auf den Weg, um die Bibeln auszuliefern.

In einer ruhigen Seitenstraße stellen wir unser Auto ab und gehen los. Doch wie soll man in finsterster Nacht eine Hütte mit der Hausnummer 627 finden, wenn die Gebäude ohne System durchnummeriert sind?

„Entschuldigen Sie bitte, suchen Sie jemanden …" Wie aus dem Nichts taucht plötzlich ein Mann aus der Dunkelheit auf, spricht uns in fließendem Französisch an.

„Kommen Sie aus dem Westen?" Wie versteinert stehen wir da. Haben wir einen Fehler gemacht?

„Wollen Sie …" Uns stockt der Atem, als er den Namen unserer Kontaktperson nennt. „Ich habe gerade mit meiner Frau gebetet, als uns Gott gesagt hat, dass uns heute Abend zwei junge Männer aus dem Westen besuchen werden."

Ich habe schon viele unglaubliche Geschichten auf meinen langen Reisen erlebt, doch das hört sich einfach zu abenteuerlich an. Als unser neuer Freund seine Hütte öffnet, stehen bereits zwei Teller und zwei Gläser auf dem Tisch. Mir wird bewusst, dass uns die Familie wirklich erwartet hat.

Das Essen jedoch dreht mir fast den Magen um. Zwei Spiegeleier schwimmen auf einer Schüssel mit kaltem Fett. Dicke Milch verbreitet einen extrem strengen Geruch. Andere undefinierbare Köstlichkeiten wecken in mir das Bedürfnis, nur eine Tasse Tee zu trinken. Mein Schweizer Partner will die Gastfreundschaft nicht verletzen und würgt beide Portionen in sich hinein.

Nach dem Abendessen macht sich der Familienvater mit dem Schweizer auf den Weg, um die Bibeln zu holen. Leise schleichen sie durch das stille Dorf und können sich im letzten Augenblick in eine dunkle Toreinfahrt retten.

Vor unserem Fahrzeug steht ein uniformierter Mann, der es von allen Seiten mit einer Taschenlampe beleuchtet. Was tun? Bevor der Schweizer nachdenken kann, beginnt der Rumäne darum zu beten, dass Gott seine Engel um das Fahrzeug herumstellt. Dann geht alles ganz schnell. Im Laufschritt springt der Schweizer ins Auto, fährt los. Der uniformierte Mann steht regungslos da, ist so überrascht, dass er sich nicht rühren kann.

In der Zwischenzeit warte ich, kurz vor Mitternacht, mit dem Sohn der Familie vor der Hütte. Auf den Bergen lodern Feuer russischer Grenzsoldaten. Ein betrunkener Mann stürzt genau vor uns von seinem Fahrrad. So schnell wie möglich setzen wir ihn wieder auf sein Rad, damit er weiterfahren kann. Da kommt auch schon unser Auto ohne Licht die Straße hinuntergerast.

„Schnell … schnell … wir werden verfolgt …" In Windeseile werden die Bibeln in der Hütte versteckt. Wir verabschieden uns, bekommen noch Geschenke für unsere Frauen, machen uns dann auf die lange Rückfahrt.

Hat der uniformierte Mann in der Zwischenzeit die Polizei alarmiert? Angespannt geht es wieder zurück durch die abgelegenen Bergdörfer. Mein Beifahrer bekommt vom ungewohnten Abendessen Magen-Darmprobleme, doch es bleibt keine Zeit anzuhalten.

Als wir mitten in der Nacht wieder auf dem Campingplatz eintreffen, denken die Besitzer, dass wir auf einer der vielen Hochzeiten eingeladen waren. So werden wir freundlich an der Rezeption empfangen.

„Hatten Sie einen guten Abend … und … war das Essen gut …" Die Belohnung für all die Strapazen ist oft unbeschreiblich: Wir nehmen an einem geheimen Gottesdienst in einer kleinen Untergrundgemeinde, irgendwo in den Bergen Osteuropas, teil. Ein alter Holzfäller legt ein schweres Paket auf den Altar. Es ist in unzählige Schichten Zeitungspapier eingewickelt, das er vorsichtig mit seinen harten Baumfällerhänden auspackt. Vor der staunenden Gemeinde erscheint ein riesiger Stoß von Blättern, auf die der Mann Texte vieler Bücher der Bibel abgeschrieben hat.

Nach einem solchen Gottesdienst stellen wir Koffer, randvoll gefüllt mit Bibeln, vorn in den Gemeinderaum. Ungläubig schauen die Menschen auf die wertvollen Geschenke.

Zum ersten Mal in ihrem Leben halten sie eine eigene Bibel in ihren Händen. Sie küssen das Buch, drücken es an ihr Herz, wissen nicht, wie sie ihre Freude und Dankbarkeit ausdrücken sollen.

„Folgen Sie unserem Polizeiauto. Wenn wir blinken, bleiben Sie auf dem Parkplatz stehen. Wir werden bei der Botschaft anrufen, um Ihre Angaben zu überprüfen."

Mein Herz rast, meine Hände zittern, als ich unsere Limousine vorsichtig aus dem Waldweg fahre, den Polizisten folge. Die Geheimverstecke sind immer noch offen, die Literatur liegt unter der Decke.

Als der Polizeiwagen blinkt, halte ich auf dem Parkplatz, direkt an einer Kirche, genau vor einem Schaukasten, in dem uns ein einladendes Plakat begrüßt. Offene Hände Jesu strecken sich mir entgegen, darunter steht: „Hab keine Angst! Hilfe ist unterwegs!"

Einer der Polizisten tritt an unser Auto heran. „Die Schweizer Botschaft hat Ihre Aussagen bestätigt. Wir wünschen Ihnen einen guten Aufenthalt in der Hauptstadt der DDR! Und passen Sie beim nächsten Mal besser auf." Ohne eine Miene zu verziehen, reicht mir der Polizist meinen Reisepass.

Nachdem wir unseren Auftrag ausgeführt haben, treffen wir am späten Abend wieder in West-Berlin ein und danken Gott erst einmal für diese wunderbare Bewahrung.

2. Freundschaften im rumänischen Kinderheim

Januar 1990. Mühsam quält sich unser VW-Bus über löchrige Landstraßen. Es sind nur noch wenige Kilometer bis zum Grenzübergang nach Rumänien. Das Fahrzeug ist bis unter das Dach mit Medikamenten und Bibeln beladen.

Noch vor wenigen Tagen herrschte in Berlin überschäumende Freude. Unbeschreibliche Bilder. Trabbis, so weit man sehen kann. Der Tag der großen Wende. Augenblicke, die Weltgeschichte schreiben. Mauern fallen. Träume werden wahr.

Doch in Rumänien fließt, als der Kommunismus vom Sockel gestoßen wird, im Gegensatz zur DDR viel Blut. Kurz vor unserer Fahrt nach Rumänien waren der kommunistische Diktator Nicolae Ceaușescu und seine Frau Elena am 25. Dezember 1989 vor laufender Kamera erschossen worden. Es kommt zu harten Auseinandersetzungen mit der Securitate, dem rumänischen Geheimdienst. Überall im Land wird gekämpft, Sehnsucht nach Freiheit treibt die Menschen voran. Gedämpfte Hoffnung. Was kommt nach dem Kommunismus? Wird es wirklich besser?

Auf Friedhöfen liegen Tote, von brutalen Kämpfen entstellt. Schweigend ziehen Menschen von Grab zu Grab, auf der Suche nach vermissten Verwandten, eine gespenstische Atmosphäre. Wie wird der Osten all diese Eindrücke verarbeiten? Wie soll aus Trümmern etwas Neues entstehen?

Christliche Gruppen strömen aus dem Westen in die Städte Osteuropas, singen auf Plätzen, predigen das Evangelium. Oft bleiben Hunderte von Menschen stehen, heben ihre Hände, wenn zur Entscheidung für ein Leben mit Gott aufgerufen wird. Doch wirkliche Veränderung findet in den wenigsten Fällen statt.

Nach kurzer Zeit ist dieses Strohfeuer erloschen. Nun muss der Nachholbedarf gedeckt werden. Der Westen lockt mit Konsumgütern, mit Traumzielen.

An einem sonnigen Nachmittag rollt unser Bus durch rumänische Berge. Hinter uns liegen Straßeneinsätze, Konzerte in Roma-Dörfern, die Verteilung von Hilfsgütern an arme Familien.

Auf geht's zu einem rumänischen Kinderheim. Handpuppenspiele, Lieder, biblische Geschichten – alles ist gut vorbereitet. Danach wollen wir mit den Jungen und Mädchen spielen.

Zögernd tritt eine Übersetzerin ans Busmikrofon, schenkt uns Einblicke in die Lebensgeschichten der Kinder, die wir besuchen wollen. Sie sind schwer behindert. Einige haben keine Arme, keine Beine, wieder andere haben Aids.

Plötzlich wird es ganz still im Bus. Manche der Teilnehmer dieses Einsatzes sind zum ersten Mal dabei und wussten vorher nicht, was sie in diesem Heim erwartet. Die überschäumende Freude ist von einem Augenblick auf den anderen verflogen. Doch da wird auch schon die Bustür mit lautem „Hallo" aufgerissen. Man zerrt uns freudig aus dem Fahrzeug, denn niemand will länger auf die heiß ersehnten Gäste warten.

Schreien und Lachen schallen über den Platz. Obwohl wir die Sprache nicht verstehen, können wir uns mit Händen und Füßen verständlich machen. Mitgebrachte Bälle werden ausgepackt, ein Puppentheater aufgestellt.

Alle sind ausgelassen, fröhlich. Alle, bis auf einen Jungen, der zornig in seinem Rollstuhl hockt. Er kann und will sich nicht mitfreuen. Was ist los mit ihm? Vorsichtig stelle ich mich mit einem Übersetzer neben ihn.

„Ich heiße Burkhard, wie heißt du?"

„Nikolai", brummt er seine mürrische Antwort vor sich hin.

„Nikolai, was ist los mit dir? Du siehst gar nicht glücklich aus."

Da sprudelt es auch schon aus ihm heraus. Im vergangenen Jahr hatte unsere Mission das Kinderheim schon einmal mit einer anderen Teilnehmergruppe besucht. Damals freundete er sich mit Peter an, einem jungen Mann aus unserer Gruppe, der ihm versprach zurückzukommen.

Das ganze Jahr zehrte Nikolai von dieser Freundschaft. Nun erwartete er, dass Peter aus dem Bus steigen würde und war zu tiefst enttäuscht, dass er nicht mitgekommen war.

Was sollte ich tun? Nikolai lässt sich nicht beruhigen. Da fällt mein Blick auf Mike, einen bärenstarken Kleiderschrank aus den USA. Als ich ihm die Geschichte erzähle, will er natürlich sofort helfen. Langsam geht er auf den Rollstuhl zu, kniet vor Nikolai nieder, um auf Augenhöhe mit ihm zu sein.

„Nikolai, es ist traurig, dass dein Freund Peter sein Versprechen nicht gehalten hat, dass er nicht mitgekommen ist. Ich heiße Mike, willst du mein Freund sein?"

Lange schaut Nikolai auf Mike, sitzt regungslos in seinem Rollstuhl. Plötzlich ergreift er die Hand des Amerikaners und flüstert: „Mike, lass uns gehen!"

Es wird ein großartiger Nachmittag. Gespannt verfolgen Jungen und Mädchen Handpuppenspiele, eine biblische Geschichte. Begeistert lernen sie mit uns neue Lieder.

Den Höhepunkt bildet ein gemeinsames Fußballspiel. Blitzschnell rasen Jungen über das Feld, versuchen mit ihren Krücken den Ball zu treffen. Wenn sie stattdessen ein Schienbein erwischen, erschallt lautes Gelächter. Das Tor hütet ein Junge, der keine Beine hat.

Am Rand steht Mike. Bei ihm sitzt Nikolai in seinem Rollstuhl, strahlt über sein ganzes Gesicht. Jeder spürt, wie glücklich er ist.

Stunden später heißt es Abschied nehmen. Ein unvergesslicher Nachmittag geht zu Ende. Freundschaften wurden geschlossen, doch keine ist so tief wie die zwischen Mike und Nikolai.

Der Bus rollt an. Fröhlich winken Jungen und Mädchen hinter uns her. Stolz trägt Nikolai die coole Sonnenbrille, die ihm sein neuer Freund geschenkt hat. Ganz hinten im Bus sitzt Mike, unser amerikanischer Kleiderschrank, schluchzt wie ein kleines Kind.

Gedankenversunken schaue ich aus dem Fenster. Eine alte Großmutter führt eine ausgemergelte Kuh am Straßenrand zum Fressen entlang, weil sie keine eigene Weide hat. Müde Familien schuften mit einfachsten Werkzeugen auf ihren Feldern, in der Hoffnung auf eine gute Ernte vor dem nächsten brutalen Winter. Schmutzige Kinder mit zerrissenen Kleidern spielen vor heruntergekommenen Hütten.

Plötzlich schießt mir ein Gedanke durch den Kopf, der mich nicht mehr loslässt. Nikolai hat auf seinen Freund Peter gewartet, hat *etwas erwartet*. Er hat erwartet, dass Peter neue Freude und Hoffnung in seinen trostlosen Alltag bringen würde. Ich denke darüber nach, dass wohl viele Menschen wie Nikolai bewusst oder unbewusst enttäuscht sind, weil niemand zu ihnen kommt, da wir Christen unseren von Gott gegebenen Auftrag nicht wahrnehmen.

In diesem Augenblick werde ich ganz still, bete: „Himmlischer Vater, hilf mir, den Erwartungen dieser Menschen, aber ganz besonders *deinen* Erwartungen gerecht zu werden!"

3. Die Frohe Botschaft für russische Häftlinge

Missionseinsatz in einem russischen Gefängnis. „Kann Gott auch mir vergeben?" Vor mir sitzt ein Junge mit Tränen in den Augen. Er sieht nicht anders aus als Jugendliche aus meinem Jugendkreis zu Hause.

„Kak tebja sawut? Wie heißt du?"

„Anton."

Wir sind nun seit einiger Zeit in Russland tätig, da immer mehr deutsche Gemeinden und Hilfsorganisationen in Rumänien arbeiten und unsere Hilfe dort nicht mehr so gebraucht wird. Aus Russland hingegen bekommen wir dringende Anfragen.

Jemand verkauft uns für einen Spottpreis einen 24-Tonner, der natürlich viel mehr Hilfsgüter fasst als unser kleiner Lastwagen, mit dem wir bisher nach Rumänien gefahren waren. Die Richtung ist nun eine andere, über das Baltikum nach Russland und in die Ukraine.

Doch es gibt nicht nur Anfragen nach Hilfsgütern. Der Direktor aller Gefängnisse und der Direktor aller Jugendgefängnisse in Russland bitten uns, die Frohe Botschaft von Gottes Liebe zu Häftlingen in russische Haftanstalten zu tragen!

Man hat Gefängnisse für 1.000 Insassen gebaut. Doch durch die extrem hohe Kriminalität in Russland sind sie oft mit 4.000 Gefangenen total überfüllt. Vier Männer müssen sich ein Bett teilen. Hinzu kommt, dass Tuberkulose wie ein Tornado über die Haftanstalten fegt. Im Westen gibt es zwei Arten von Tuberkulose.

Eine ist ansteckend, die andere nicht. In russischen Gefängnissen gibt es inzwischen eine weitere Form von Tuberkulose, die gegen alle Medikamente resistent ist. Angst und Hoffnungslosigkeit machen sich breit.

In der Vergangenheit wurden wir von Geheimdiensten und von der Polizei bekämpft. Nun fahren sie mit Blaulicht vor uns her, salutieren, begleiten unsere Busse von Gefängnis zu Gefängnis.

Da sitze ich nun in der Ecke eines Straflagers für jugendliche Schwerverbrecher, ihre Delikte sind Mord und Vergewaltigung. In meinen Ohren dröhnen noch die Worte des Direktors: „Die Jungen sind hart, abgebrüht, kaum zu erreichen!"

Unsere Musikgruppe singt. Ein Theaterstück stellt das Thema meiner evangelistischen Ansprache vor. Mit weichen Knien stehe ich auf der Bühne. Am Ende meiner Ansprache schwirren die Worte durch meinen Kopf: Hart, abgebrüht, kaum zu erreichen!

Kann ich hier überhaupt zu einer Entscheidung für Jesus Christus aufrufen? Ein Kampf tobt in meinem Inneren. Was ist, wenn niemand aufsteht?

Verzweifelt schicke ich ein Stoßgebet zum Himmel, spreche mit zitternder Stimme die entscheidenden Fragen aus: „Wer will Jesus in sein Herz aufnehmen? Wer will ihm ganz nachfolgen?"

Es scheint unmöglich, dass jemand diesen Schritt tun wird und aufsteht. Alle anderen Jugendlichen werden es sehen. Hier kann man nichts verheimlichen. Knisternde Anspannung lastet auf dem Raum.

Nur zögernd erhebt sich einer, dann ein weiterer und im nächsten Augenblick sehe ich mehr als 50 Häftlinge, die den Schritt wagen. Tiefe Freude steigt in meinem Herzen auf. Mit gesenkten Köpfen treten sie aus ihren Reihen.

Eine Stunde später sitze ich neben Anton. Seine dunklen Augen schauen mich fragend an, als er widerholt: „Kann Gott auch mir vergeben?"

Dann bricht es aus ihm heraus. Aus Eifersucht hat er seinen besten Freund erstochen und musste später erkennen, dass es keinen Grund für seine Eifersucht gab. Nun plagen ihn Nacht für Nacht Albträume.

Vorsichtig lege ich meine Hand auf seine Schulter, erzähle ihm von der unendlichen Liebe unseres himmlischen Vaters. Gemeinsam lesen wir Bibelstellen aus dem Neuen Testament, das ich ihm gerade geschenkt habe. Ganz leise fragt er: „Beten – kannst du mir sagen, wie man das macht?"

In den nächsten Minuten erzähle ich von meiner Beziehung zu Gott, wie sie täglich wächst, wie die Beziehung zu meinem besten Freund. Als ich ihn wieder anschaue, fühle ich, wie Hoffnung in ihm aufsteigt.

„Anton, ich verspreche, für dich zu beten. Und du wirst jeden Tag in deiner Bibel lesen und mit Gott sprechen."

Er nickt, ohne ein Wort zu sagen, aber sein Gesicht strahlt.

In den kommenden Jahren ziehen wir mit Musikern, Theatergruppen, Evangelisten von Haftanstalt zu Haftanstalt. In dieser Zeit entstehen etwa 50 Gefängnisgemeinden, die heute zum großen Teil von ehemaligen Häftlingen betreut werden.

4. Komm und hilf uns – der Ruf in die Ukraine

Sommer 1993. „Ich kann nicht mehr ... ich bin so ausgebrannt ... ich weiß nicht, wie es weitergehen soll ...“

Wieder einmal geht eine aufregende Fahrt durch russische Gefängnisse zu Ende. 40 begeisterte Teilnehmer aus Deutschland, Holland, der Schweiz und den USA machen sich mit unvergesslichen Eindrücken auf ihre lange Heimreise.

Nach vielen Jahren der Gefängnisarbeit betreuen nun ehemalige Häftlinge, die aus ihrer Haftanstalt entlassen wurden, erste Gefängnisgemeinden.

Ausgebrannt sitze ich mit einem Freund in einem Studentenwohnheim, irgendwo in Moskau.

„Ich hab keine Kraft mehr ... ich bin erschöpft ...“

Doch wie sieht der nächste Schritt aus? Nachdem wir drei Stunden über unsere Zukunft nachgedacht haben, beschließen wir, unsere Gedanken und Gefühle im Gebet unserem himmlischen Vater anzuvertrauen.

Wir beten gerade erst wenige Minuten, da klopft es an der Tür. Draußen steht ein müder Pastor aus der Ukraine, den ich auf meinen Reisen nur einmal kurz getroffen habe.

„Burkhard, meine Gemeinde hat mich nach Moskau geschickt, um dich um etwas zu bitten. Komm zu uns! Hilf uns in der Ukraine!“ Ungläubig stehe ich da, kann es nicht fassen. Der Mann ist über 15 Stunden gefahren, um mir diese Nachricht zu bringen! Konkreter kann Gott nicht sprechen!

„Ich habe bereits eine möblierte Einzimmerwohnung für dich in Kiew gemietet!"

Am nächsten Abend sitze ich im Nachtzug nach Kiew. Von da an bin ich nicht mehr von der Ukraine losgekommen.

5. Ein Ort der Geborgenheit

Gleich am ersten Sonntag predige ich in einer Gemeinde in Kiew über das Thema: Warum lässt Gott Leid zu?

Nach dem Gottesdienst bittet mich eine junge Frau, für sie zu beten. Sie erzählt mir ihre Geschichte. „Warum hat Gott das zugelassen? Ich weiß nicht, wie ich meinen Schmerz verarbeiten soll!"

Während ich mit ihr zusammen bete, fließen ihre Tränen wie warmer Regen.

War das ein Freudentag gewesen, als Tamara und ihre Tochter Sascha zum lebendigen Glauben an Jesus Christus fanden! Ein Jahr zuvor hatte sich Tamaras Mann von seiner Frau getrennt. Es folgte eine Zerreißprobe. Tamara musste hart arbeiten, um zu überleben. Oft kam sie erst spät in der Nacht erschöpft nach Hause, hatte kaum Zeit für ihre Tochter.

Als Sascha Jesus in ihr Herz aufnahm, war sie zwölf Jahre alt. Schnell wurde sie zum Sonnenschein ihrer Gemeinde. Doch schon bald sollten sich finstere Wolken vor diesen Sonnenschein schieben.

Sascha wollte eine Freundin besuchen, kam aber nie dort an. Stattdessen erhielt Tamara einen Telefonanruf von Erpressern. Sie hatten Sascha entführt, forderten hohes Lösegeld. Was sollte Tamara tun? Das wenige Geld, das sie verdiente, reichte gerade zum Leben.

Mit äußerster Anstrengung wurde die geforderte Summe organisiert. Doch bereits vor der Geldübergabe erreichte die Mutter die schreckliche Nachricht – Polizisten hatten Sascha ermordet aus dem Fluss Dnepr gezogen.

Ein Besuch in Tamaras Wohnung wird für mich zu einem einschneidenden Erlebnis. Die Wände aller Zimmer sind mit Bildern ihrer Tochter tapeziert.

Tamara ist nur eine von vielen Frauen, die ich in den folgenden Tagen im Rahmen der Gemeinde treffe. Frauen, die traumatische Schicksalsschläge wie Vergewaltigungen, Misshandlungen, schwere Krankheiten und schlimme Umstände wie unbeschreibliche Armut zu bewältigen haben.

In den kommenden Monaten legt mir Gott aufs Herz, diesen Frauen zu helfen. Viele Missionsfreunde in Deutschland beten mit uns für ein passendes Haus, um diesen Frauen einen Zufluchtsort zu schenken.

Dann ist es so weit. Ein Makler bietet uns ein Haus in der Nähe von Kiew an, weit genug von der Stadt entfernt, mitten in einem Wald, aber gut mit dem Zug zu erreichen. Nach langen Gesprächen ist der Makler so von unserer Arbeit beeindruckt, dass er den Preis halbiert, doch auch diese Summe kann ich nicht aufbringen. Wir spüren, dass wir das richtige Haus gefunden haben, aber es sprengt unseren finanziellen Rahmen.

Zurück in unserem Büro in Kiew schreibe ich ein Fax an den Pastor einer Gemeinde in Bremen und ein Fax an einen Freund in den USA, der eine Seelsorgeklinik leitet, und erzähle von dem wunderbaren Haus in Klawdiewo.

Am nächsten Abend besucht uns der Makler noch einmal. Er kann es einfach nicht glauben, dass der Kauf nicht klappen soll. Auch er spürt, dass dieses Haus genau der richtige Platz für unsere Frauenarbeit ist.

Mitten im Gespräch springt das Faxgerät an, verkündet, dass uns die Gemeinde in Bremen die Hälfte der Kaufsumme schickt. Zehn Minuten später trifft das nächste Fax aus den USA ein: „Burkhard, wir werden dir morgen die Hälfte der Kaufsumme überweisen!"

In den folgenden Jahren nimmt die Arbeit in unserem Seelsorgezentrum in Klawdiewo Fahrt auf. Regelmäßig holen wir zwei Lehrerinnen aus Moskau nach Klawdiewo und gründen eine Seelsorgeschule, in der Mitarbeiter zu Seelsorgern ausgebildet werden.

Der Leiter der größten Psychiatrischen Klinik in Kiew schickt Patientinnen in unser Haus, die Ruhe und Seelsorge brauchen und übernimmt im Gegenzug Fälle, denen wir nicht gewachsen sind. Neben dem Seelsorgezentrum bauen wir einen Versammlungssaal, gründen eine Gemeinde.

6. Alles wird gut!

Munter wirbelt kalter Winterwind buntes Herbstlaub über den einsamen Waldfriedhof. Wortlos stehe ich vor einem frischen Grab. In das schiefe Holzkreuz hat man den Namen Pawel Grigoriewitsch eingeritzt.

Ich kann mich noch gut an einen bestimmten Gottesdienst in Klawdiewo erinnern. An diesem wunderschönen Frühlingstag predige ich über das Gleichnis vom „Verlorenen Sohn". Nach dem Gottesdienst steht ein älterer Mann vor mir.

„Burkhard, unser himmlischer Vater hat lange genug auf mich gewartet. Es wird Zeit, dass ich mich auf den Heimweg mache!"

In den folgenden Minuten breitet Pawel Grigoriewitsch sein Leben vor mir aus. Der Krieg, eine beeindruckende Militärkarriere, der brutale Alltag in der Ukraine hatten ihn zu einem harten Mann gemacht.

Doch dann beginnt ein neuer Lebensabschnitt für Pawel. Gott verändert den strengen Kommandanten nach und nach in einen liebevollen Bruder, den jeder in der Gemeinde schätzt. Immer wieder wünscht er sich sein Lieblingslied: „Alles wird gut, wenn Gott auf unserer Seite ist!"

Nach einem Schwächeanfall wird Pawel in das kleine Dorfkrankenhaus eingeliefert. Er ist schwer krank. Doch selbst als die Schmerzen stärker werden, strahlt er ungebrochen Gottes Liebe aus.

Doch oft zweifelt Pawel: „Hat mir Gott wirklich meine Sünden vergeben?"

Eine Woche vor seinem Tod hat er noch ein ganz besonderes Gebetsanliegen. Ein letztes Mal will er seinen Enkel Sergej sehen.

Doch Sergej arbeitet weit weg von zu Hause, beim Militär. Eine Nachfrage beim Ministerium in Kiew bleibt ohne Erfolg. Sie wird überhaupt nicht weitergeleitet.

In der folgenden Nacht schläft Sergej unruhig, spürt, dass etwas mit seinem Großvater nicht stimmt. Es ist ein Wunder, dass er mitten in einem Militärmanöver drei Tage Heimaturlaub erhält.

Am nächsten Morgen steht er überraschend am Sterbebett seines Großvaters. Unter Tränen feiern sie in diesen bewegenden Augenblicken ihr Wiedersehen. Diese großartige Gebetserhörung stärkt die Gewissheit in Pawel: „Der Gott, der meine Gebete erhört hat, hat mir auch alle meine Sünden vergeben."

Drei Tage später schläft Pawel friedlich ein. Ein „Verlorener Sohn" macht sich auf den Heimweg.

Pawel Grigoriewitsch ist nur einer von vielen Menschen, denen wir in unserer Gemeinde in Klawdiewo neue Hoffnung schenken durften.

Doch es geht weiter. In Saporoschje bauen wir ein großes Zentrum für ehemalige Häftlinge, in Pawlograd ein Rehabilitationszentrum für Drogenabhängige und Alkoholiker, bis schließlich eine Müllhalde in unser Blickfeld gerät.

7. Endstation Müllhalde?

Frühjahr 2000. Wie jeden Sonntag beladen unsere Mitarbeiter schon früh am Morgen einen Kleinbus mit Musikinstrumenten und machen sich auf den Weg zu einem Gefängnisgottesdienst. Als sie auf dem Rückweg eine Müllhalde passieren, auf der Abfälle aus Dnepropetrowsk abgeladen werden, dringt beißender Gestank in ihr Fahrzeug.

Plötzlich, wie von unsichtbarer Hand geführt, fährt ihr Bus in die Einfahrt zur Müllhalde. Ehe sie sich versehen, stehen sie mitten in einer bizarren Umgebung. Überall haben sich Menschen, die an diesem schrecklichen Ort wohnen, kleine Hütten in den Müll gebaut.

Die meisten dieser Ausgestoßenen der Gesellschaft kommen aus Nachbardörfern. Ihre Renten reichten nicht mehr aus, um ein menschenwürdiges Leben zu führen. Zuerst stellte man ihnen das Gas ab, dann das Wasser, dann den Strom. Schließlich warf man sie aus ihren Wohnungen. Andere setzten all ihr Hab und Gut in Alkohol um, endeten hier auf der Müllhalde.

Auf einem Hügel graben Männer nach Flaschen. Andere suchen Metallteile, die sie verkaufen. Regelmäßig kippen Lastwagen Abfälle aus einem Schlachthaus auf die Halde. Frauen wühlen nach Essbarem – Gemüse, Kartoffeln, altem Brot, nach Knochen. An kleinen Feuerstellen versammeln sie sich zum Essen.

Doch nicht nur Erwachsene, auch Kinder wohnen auf der Müllhalde. Ihre Eltern sitzen in Gefängnissen oder sind Alkoholiker, die kein Interesse an ihren Töchtern und Söhnen haben.

Luba, eine freundliche Frau, nimmt unsere Mitarbeiter herzlich in Empfang.

„Natürlich ist es in den Nächten kalt. Doch was sollen wir machen? Das Leben in der Ukraine ist erbarmungslos. Wir wohnen hier schon seit acht Jahren. Wir haben alles verloren. Die Müllhalde ist unsere Endstation. Es ist alles ganz einfach zu erklären: keine Arbeit, kein Gehalt, kein Zuhause, nichts zu essen, keine Kleidung. So haben wir beschlossen, unser Leben mit Leidensgenossen auf dieser Müllhalde zu fristen. Hier finden wir wenigstens im Müll Essbares."

Luba ist bewegt, dass sich unsere Mitarbeiter auf den Weg gemacht haben, um sie in ihrer tiefen Armut zu besuchen. Plötzlich zuckt sie zusammen.

„Entschuldigung, ich habe ganz vergessen, euch etwas zu essen anzubieten!"

Luba läuft zum nächsten Baum, zu ihrer „Speisekammer". Behutsam trägt sie zwei große Gefäße mit undefinierbaren Fleischstücken in ihre Hütte, lädt zum Essen ein, berichtet ganz stolz, dass sie ihr erstes Kind erwartet.

„Luba, wo willst du dein Kind denn zur Welt bringen? Hier gibt es doch weit und breit kein Krankenhaus." Erstaunt schaut sie unsere Mitarbeiter an.

„Von welchem Krankenhaus sprecht ihr? Die Geburt wird genau hier unter diesem Baum stattfinden."

Krampfhaft versuchen unsere Mitarbeiter, ihre Tränen zurückzuhalten. Tiefer Schmerz über die Lage dieser Menschen erfüllt ihre Herzen. Wie soll ein Baby in diesem Schmutz, in diesem Gestank, in dieser trostlosen Umgebung zur Welt kommen?

Ganz leise fragt Luba: „Werdet ihr wiederkommen? Könnt ihr dann einige Windeln mitbringen? Ich hab doch gar nichts für mein Baby."

Wenig später beginnt ein unvergesslicher Gottesdienst. Die bewegenden Lieder und ihre Worte berühren die Zuhörer in ihren

Herzen. Es ist unbeschreiblich, in einer Predigt auf der Müllhalde über den „Verlorenen Sohn" nachzudenken, der bei den Schweinen gelandet ist.

Als ein Mitarbeiter fragt, wer diesem liebenden Vater sein Herz schenken will, heben sich alle Hände. Schüchtern meldet sich einer der Männer.

„Wir wissen doch gar nicht, wie wir mit unserem himmlischen Vater sprechen sollen."

Langsam spricht ein Mitarbeiter ein Gebet. Alle wiederholen laut schluchzend die Sätze.

Auf dem Heimweg herrscht atemlose Stille, denn alle spüren, dass sie einen der wichtigsten Tage in ihrem Leben erlebt haben. Niemand ahnt in diesem Augenblick, was Gott an diesem kalten Sonntag in Bewegung setzt.

Was in den kommenden Wochen passiert, ist unglaublich. Durch den unermüdlichen Einsatz von „Sportler ruft Sportler", dem Kirchenkreis Minden und dem CVJM Hille findet in Minden vor 3.000 Zuschauern ein Benefizfußballspiel zwischen dem SV Werder Bremen und dem FC Rosenborg Trondheim statt, das im Fernsehen übertragen wird. Der Gewinn fließt in unsere Missionsarbeit auf der Müllhalde.

Der SV Werder Bremen schreibt uns später: „Das Engagement von *Brücke der Hoffnung* verdient nicht nur großen Respekt, sondern auch unsere volle Unterstützung. Wir wollen auf diesem Weg unseren Beitrag leisten, um den Menschen in der Ukraine zu helfen."

Auch der FC Rosenborg Trondheim ermutigt uns. „Wir freuen uns über die Möglichkeit, *Brücke der Hoffnung* helfen zu können. Wir verstehen, dass diese Aktion von großer Bedeutung für die Menschen in der Ukraine ist."

Das „Westfalen-Blatt" fasst zusammen: „Die eigentlichen Gewinner des Benefizspiels leben unter menschenunwürdigen Umständen in der Ukraine!"

Kurze Zeit später ist es so weit, wir können vom Erlös des Benefizspieles ein Haus mit 5.000 Quadratmetern Land in Odarjewka kaufen, einem Dorf, das eine Autostunde von der Müllhalde entfernt liegt.

8. Der verlorene Sohn kehrt heim

Es ist fünf Uhr morgens, als Peter Degtjar, der in Odarjewka das Rehabilitationszentrum für unsere Freunde von der Müllhalde leitet, mit Sascha gemeinsam ins Auto steigt. Sascha zittert am ganzen Körper. Ist es die Kälte oder das Gefühl, dass heute eine lange Reise zu Ende gehen soll, die vor zehn Jahren begann?

Ich kann mich noch gut an den Tag erinnern, an dem wir Sascha auf der Müllhalde getroffen haben. Schon im ersten Gottesdienst nahm er Jesus Christus in sein Leben auf. Nach zwei Monaten zog er mit seiner Frau in unser Haus in Odarjewka, ließ sich wenig später taufen. All das erscheint heute wie ein Traum.

In den vergangenen Tagen lief Sascha unruhig im Garten herum. Die Schande, die Schmerzen, die er seiner Familie zugefügt hat, wurden immer unerträglicher. Obwohl wir bereits den heutigen Tag für unsere Fahrt festgelegt hatten, wollte Sascha immer wieder von seiner Entscheidung zurücktreten.

Wie viele Jahre sind vergangen, seitdem er von zu Hause weggegangen ist? Die verlorene Zeit können wir nicht wieder zurückbringen. In Gedanken spielt Sascha das lang ersehnte Treffen immer wieder durch. Auf die Knie fallen will er vor seiner Mutter, sie um Vergebung bitten.

Die letzten Tage wurden für Sascha zur Ewigkeit. Er fastete, betete. Eine Woche vor der Fahrt rief er Verwandte an. Seine Mutter lag schon seit einem Monat mit hohem Fieber im Bett. Seine Sorgen wuchsen.

Schweigend sitzen Peter und Sascha im Auto. Vor ihnen liegen 750 Kilometer. Strahlender Sonnenschein. Doch nach 100 Kilometern fällt gefrierender Regen. Die Straße ist spiegelglatt. Die meisten Autos stehen nur noch am Straßenrand. Von Zeit zu Zeit sehen die beiden schreckliche Unfälle.

„Vielleicht sollten wir umkehren und es an einem anderen Tag noch einmal versuchen!"

Oft müssen sie anhalten, die Reifen von Eis befreien, weil sie fast in einen Graben rutschen. Manchmal betet Sascha laut: „Vater, wir vertrauen dir, dass du uns ans Ziel bringst! Hilf uns!"

Es ist schon lange dunkel. Der Rücken schmerzt, die Augen tränen. Plötzlich ein markerschütternder Aufschrei von Sascha. Aus der Dunkelheit taucht ein Schild auf: „Verwaltungsbezirk Chmelnizkaja".

„Sascha, es ist schon spät. Ich kann nicht mehr. Lass uns einen Schlafplatz suchen, lass uns morgen weiterfahren."

Sascha sitzt ganz still. In seinen Augen kann man lesen: *Ich kann nicht mehr warten! Ich muss meine Mutter noch heute in meine Arme schließen! Hörst du mein Herz schlagen? Der verlorene Sohn kommt nach Hause!*

Vor ihnen beiden liegen noch 100 Kilometer. Sascha klebt förmlich an der Scheibe, saugt alle Eindrücke wie ein trockener Schwamm in sich auf. Vor zehn Jahren hat er sein Zuhause verlassen. Damals schien alles so grau, so langweilig. Ungeduldig wollte er hinaus in die weite Welt. Doch jetzt sieht alles heimisch, einfach wunderbar aus. Wieder erschüttert ein Schrei das Fahrzeuginnere.

„Das ist mein Dorf, mein Heimatdorf!" Nun beginnt auch Peters Herz schneller zu schlagen. Die Hauptstraße, der kleine Dorfweiher. Und da ist der Weg, an dem Sascha gewohnt hat. Absolute Finsternis. Nichts bewegt sich. Das ganze Dorf schläft. Langsam schleicht das Auto über den schlammigen Erdweg.

Sascha springt aus dem Fahrzeug, rennt auf eine kleine Hütte zu. Laut klopft er an das schmutzige Fenster, als hinter der Scheibe im Schein einer Petroleumlampe das strahlende Gesicht einer alten Frau erscheint.

Im nächsten Augenblick reißt Sascha die Tür auf und ein Freudenschrei schallt durch die Stille: „Sascha ... mein Junge ... danke Gott ... mein Sohn ist wieder zu Hause ..."

Tränen fließen. Mutter und Sohn liegen sich in den Armen, können ihre Gefühle nicht in Worte fassen. Sascha stammelt: „Mutter ... vergib mir ..."

Wortlos deutet die Mutter auf das Bett, das unter dem Fenster steht.

„Jede Nacht habe ich für dich gebetet! Jeden Morgen habe ich aus dem Fenster geschaut, habe gehofft, dass du nach Hause kommst. Zehn Jahre lang habe ich nie die Haustür abgeschlossen. Sie war immer für dich offen."

Erneut wird die Tür aufgerissen. Vor Sascha steht seine Schwester Luba.

„Sascha, mein lieber Bruder, du bist wieder zu Hause!"

Das Telefon steht nicht mehr still. Alle Verwandten werden angerufen. Jeder muss es wissen: Sascha ist wieder zu Hause!

Immer wieder greift die kranke Mutter nach Saschas Hand. Als sich die Wiedersehensfreude ein wenig gelegt hat, gehen alle auf die Knie und danken ihrem himmlischen Vater für das Wunder, das vor ihren Augen geschehen ist.

9. Ein trauriges Ende und ein neuer Anfang

„Ich kann nicht mehr! Und ich will auch nicht mehr weiterleben!" Schluchzend, wie ein kleines Kind, windet sich Sergej vor Schmerzen auf dem Boden unseres Rehabilitationszentrums in Odarjewka.

Sergej kommt aus einer guten Familie. Alle Versuche, sein Leben in die richtige Richtung zu lenken, scheitern. Diebstahl, Betrug, Gewaltdelikte begleiten ihn bereits seit seiner frühesten Jugend. Alkohol und Drogen werfen ihn immer wieder aus der Bahn. Um seinen aufwendigen Lebensstil zu finanzieren, beginnt er Drogen an Kinder zu verkaufen. Sergej wird verhaftet, zu drei Jahren Gefängnis verurteilt.

Als Sergej erneut im Gefängnis landet, erkrankt er an einer Form von Tuberkulose, die nicht geheilt werden kann. Noch am Tag der Diagnose wird er aus Angst, dass sich andere Häftlinge anstecken, aus der Haftanstalt geworfen.

Ziellos irrt er durch Dnepropetrowsk. Niemand will ihn aufnehmen, nicht einmal seine Eltern. Jeder hat Angst, sich anzustecken. Endstation für Sergej wird die Müllhalde. Über seine Krankheit spricht er seit diesem Zeitpunkt mit niemandem, um nicht noch mehr geächtet zu werden. So finden wir Sergej auf der Müllhalde, wo er von 75 Kilogramm auf 44 Kilogramm abgemagert ist.

In unserem Rehabilitationszentrum in Odarjewka verbringt Sergej zum ersten Mal in seinem Leben zwei Monate in christlicher Umgebung. Täglich erlebt er unsere Liebe und Fürsorge. Doch trotz guter Ernährung nimmt er nicht zu.

„Sergej, du musst dich unbedingt von einem Arzt untersuchen lassen!"

Auf solche Sätze antwortet er: „Mir geht es gut. Das sind nur Nachwirkungen von meiner Zeit im Gefängnis und auf der Müllhalde. Ich bin sicher, bald geht es mir wieder besser."

Das Gegenteil tritt ein. Sein Gesundheitszustand verschlechtert sich von Tag zu Tag. Schließlich fahren wir ihn in ein Krankenhaus in Dnepropetrowsk, wo der Arzt uns die schreckliche Nachricht mitteilt: „Sergej ist unheilbar an Tuberkulose erkrankt. Seine Lunge ist bereits total zerfressen. Er wird nur noch wenige Tage leben."

Alle Tuberkuloseabteilungen in Dnepropetrowsk sind überfüllt. Sergej wird überall abgewiesen. Auch wir können ihn aufgrund seiner ansteckenden Krankheit nicht weiterhin bei uns beherbergen.

Drei Wochen lebt er bei winterlichen Temperaturen in Parks. Jeden Tag bringen wir ihm etwas zu essen, Decken, schmerzstillende Medikamente. Schon bald hat er kein Gefühl mehr in seinen Beinen.

Unsere Mitarbeiter rufen verzweifelt Krankenhäuser an. Polizeiwagen halten nur kurz vor seinem Sterbelager unter einem Baum, fahren dann, ohne auszusteigen, achselzuckend weiter.

Ein Leben lang hat Sergej alle Menschen, denen er etwas bedeutet hat, betrogen. Nun wendet sich jeder von ihm ab. Endlich gelingt es unseren Mitarbeitern, eine Tuberkuloseabteilung zu finden, die ihn aufnehmen will. Noch am selben Abend wird er von einem Krankenwagen abgeholt. Am nächsten Morgen stirbt Sergej in einem Röntgengerät, in dem er noch einmal untersucht werden soll.

Das Schicksal von Sergej bewegt uns alle tief. Unsere Mitarbeiter haben viele Wochen mit ihm zusammengelebt, haben ihn bis zum Ende begleitet.

Nach dieser Krankengeschichte wird uns von den Gesundheitsbehörden nahegelegt, unser Rehabilitationszentrum in Odarjewka zu schließen, da die Ansteckungsgefahr für diese unheilbare Form der Tuberkulose zu gefährlich ist.

In den kommenden Wochen müssen uns alle Gäste von der Müllhalde verlassen. Stattdessen eröffnen wir auf dem Gelände unseren ersten „Zufluchtsort", eine Anlaufstelle für Kinder aus extrem armen oder gestörten Familien. Sie stammen aus den „Vergessenen Dörfern", Orten, die weit von den ukrainischen Städten entfernt sind und in denen große Armut und Hunger herrschen.

10. Luba

Leise öffnet sich die Schlafzimmertür. Der Lichtschein einer flackernden Kerze fällt auf ein schlafendes Mädchen. Vorsichtig schleicht ein Mann auf ihr Bett zu, stellt die Kerze auf den Boden, schließt das Mädchen sanft in seine Arme, küsst es liebevoll auf die Stirn.

Luba kann sich später nur noch schemenhaft daran erinnern, wie sich ihr Vater in dieser Nacht, an ihrem fünften Geburtstag, für immer von ihr verabschiedet. Sie kann in dieser Nacht nicht ahnen, dass sie ihn nie wiedersehen wird.

Luba lebt mit ihren Eltern in einer ärmlichen Hütte, in einem „Vergessenen Dorf" irgendwo in der hintersten Ukraine, in dem die Menschen ihre Hoffnungen schon vor langer Zeit begraben haben. Bis zu dieser Nacht hatte Luba eine glückliche Kindheit verbracht. Doch nun ändert sich ihr Leben schlagartig, im wahrsten Sinne „über Nacht".

Lubas Mutter versucht den Verlust ihres Mannes in Alkohol zu ertränken. Unbeschreibliche Armut, eine total verdreckte Hütte, eine Mutter, die jeden Tag betrunken in einer Ecke liegt, sind die Folgen.

Hungrig, in zerrissener Kleidung, sitzt das kleine Mädchen jeden Tag hilflos auf dem kalten Lehmfußboden. Bis heute können wir ihre seelischen Schäden nur erahnen. Luba erfährt in diesen tragischen und so wichtigen Kindheitsjahren keine Mutterliebe, keine Wärme, keine glücklichen Momente. In ihrer großen Bedürftigkeit findet sie bei einer „Großmutter", einer alten Frau aus der Nachbarschaft, Geborgenheit und erhält, wenn sie Hunger hat, einen Teller warmer Suppe.

Als Luba sieben Jahre alt ist, müsste sie eingeschult werden. Doch ihre Mutter kümmert sich nicht darum. Mit Tränen in den Augen sitzt Luba jeden Morgen am Fenster, beobachtet andere Kinder auf ihrem Schulweg. Ihre Mutter besitzt kein Geld für Kleidung, für Schuhe, geschweige denn für Schulbücher. An einem Tag packt Luba einfach all ihre Habseligkeiten in eine Plastiktüte und macht sich auf den Weg zur Schule, ohne es ihrer Mutter zu sagen.

Eines Morgens, als sich Luba zu ihrer Mutter ins Bett legen will, muss sie feststellen, dass sie in der Nacht gestorben ist. Auf der Beerdigung weinen die Dorfbewohner nicht über den Tod der Mutter, sondern weil sie Mitleid mit dem Waisenmädchen haben.

So zieht Luba zu der alten Frau, der Großmutter, die sie schon lange besser behandelt hat als ihre leibliche Mutter. Es ist eine glücklichere Zeit, doch nach einem halben Jahr stirbt auch noch diese letzte Bezugsperson.

Es dauert nicht lange und Luba landet im Alter von nur elf Jahren auf der Müllhalde, deren Bewohner seit einem Jahr von „Brücke der Hoffnung" betreut werden. Nun beginnt ein schreckliches Leben zwischen all den hoffnungslosen Menschen, die ihre eigenen Gesetze geschaffen haben, die vom Alkohol bestimmt sind.

Die anderen Kinder sind wenigstens zusammen mit ihren Eltern auf die Müllhalde gezogen, doch Luba ist ganz auf sich selbst gestellt. Tag für Tag streunt sie durch den Müll, sucht nach Kleidung, Schuhen, nach etwas Essbarem.

Im Winter baut sie sich, wie die anderen, eine Behausung in den Müll, einen Platz, der sie vor Schnee und Regen schützen soll. In eisigen Nächten schläft sie in viele Schichten von stinkender Kleidung gehüllt auf einer verdreckten Matratze.

Wenn es besonders kalt ist, muss sie die ganze Nacht ein Feuer in Gang halten, um nicht zu erfrieren. In diesen zermürbenden

Nächten träumt sie von der alten Großmutter und ihrer warmen Hütte.

Erst drei Jahre später beginnt für Luba ein neues Kapitel, als Peter Degtjar, der als LKW-Fahrer bei „Brücke der Hoffnung" arbeitet, sie auf der Müllhalde findet. Peter und Nadja Degtjar haben bereits sieben Kinder, doch als sie die Geschichte von Luba hören, betet die ganze Familie für das Mädchen.

Plötzlich hat jeder in der Familie Ideen, wie man dem Mädchen helfen könnte. Keiner kennt Luba zu diesem Zeitpunkt, sie wissen nicht einmal ihren Namen. Und doch treffen alle Familienmitglieder die Entscheidung: „Wir wollen dieses Mädchen in unsere Familie aufnehmen!"

In einem bewegenden Brief lässt uns Luba Jahre später an ihrer Gefühlswelt teilhaben.

Draußen wüten kalte Novemberstürme, erfüllen mein Herz mit sentimentalen Gefühlen. Langsam schweifen meine Gedanken zurück zu einer schrecklichen Zeit, die ich wohl nie aus meinem Leben streichen kann.

Drei harte Winter versuchte ich auf einer Müllhalde zu überleben, als 11-Jährige ohne Familie, ohne jegliche Hoffnung. Eiskalter Wind hat mich fast zerrissen, ständiger Hunger in die Verzweiflung getrieben. In zermürbenden Nächten kauerte ich im Schnee um kleine Feuer, um nicht zu erfrieren, hauste in einer Hütte, die ich in den Müll gegraben hatte. Wenn neue Abfälle von LKWs gekippt wurden, stürzten wir uns wie Tiere darauf, um etwas Essbares zu finden.

„Luba, die haben es geschafft!" Mit zynischen Worten warfen Arbeiter wertlose Körper von Alten oder Kranken, die in der Nacht zuvor erfroren waren, auf Lastwagen.

Heute lebe ich mit sieben anderen Kindern in meinem neuen Zu-
hause. Ich bin froh, dass Gott mir liebe Eltern geschenkt hat und
Freunde aus Deutschland, die uns finanziell unterstützen.
Jeden Abend denke ich an die vielen Kinder in der Ukraine, die
noch immer auf der Straße oder auf Müllhalden leben, und bete
dafür, dass sie eine liebe Familie finden wie ich.

Luba absolviert die Schule in Krinitschki, arbeitet eine Zeit lang
für „Brücke der Hoffnung" und heiratet einen Mann aus einer
christlichen Familie. In all diesen Jahren findet sie nicht nur in Peter Degtjar einen neuen Vater, sie lernt auch ihren *himmlischen* Vater kennen, der Schritt für Schritt ihre inneren Verletzungen heilt.

11. Anton

Laut kreischen die Räder der schweren Lokomotive. Wenig später steht der Zugführer wie gelähmt neben den Gleisen, starrt auf die Frau, die sich auf schreckliche Weise das Leben genommen hat.

Als sie drei Tage später in einer einfachen Holzkiste beerdigt wird, kennt man nur ihren Familiennamen, doch niemand ahnt, welches Schicksal sich dahinter verbirgt.

Anton erfährt erst eine Woche später vom Tod seiner Mutter, denn er zieht in diesen tragischen Tagen bettelnd durch die „Vergessenen Dörfer" der Ukraine.

Wie soll ein elfjähriger Junge, der noch nie eine gesunde Familie erlebt hat, einen solchen Schicksalsschlag verarbeiten? Das wenige Geld, das seine Familie erwirtschaftete, wurde sofort in Alkohol umgesetzt. Der Junge erlebte seine Eltern kaum nüchtern. So flüchtete er bereits in frühester Kindheit in eine Scheinwelt, verlor jegliche Orientierung in seinem Leben.

Es ist Montagmorgen, als das Telefon bei Peter Degtjar klingelt.

„Herr Degtjar, wir haben ein Problem, mit dem wir nicht mehr fertig werden. Sie arbeiten doch als LKW-Fahrer für ‚Brücke der Hoffnung', vielleicht können Sie uns helfen."

In den kommenden Minuten gibt der Beamte die wenigen Informationen weiter, die er von Anton hat.

„Der Junge lebt auf der Straße. Bettelnd zieht er von Bahnhof zu Bahnhof, schläft in leer stehenden Häusern. Persönliche Dokumente hat er nicht. Mit seinen elf Jahren hat er nur unregelmäßig die erste Klasse besucht. Können Sie dem Jungen helfen?"

Bereits eine Stunde später machen sich unsere Mitarbeiter auf die Suche. Nach zwei Tagen wollen sie schon fast aufgeben, als sie Anton doch noch, total durchgefroren, an einer Tankstelle aufgabeln. Tagelang hat er dort in einem Schuppen übernachtet.

Ohne lange zu überlegen, nimmt Peter Degtjar Anton in seine Familie auf, obwohl er sieben eigene Kinder und mit Luba bereits ein Pflegekind hat. Um Familie Degtjar zu ermutigen, verleihen ihnen die Behörden den Titel „Familienkinderheim" und geben mit diesem Schritt den Startschuss in ein neues Kapitel von „Brücke der Hoffnung".

An langen Winterabenden erhält Familie Degtjar einen tiefen Einblick in Antons schwere Kindheit und versucht ihm zu helfen, langsam seine traumatische Vergangenheit aufzuarbeiten.

Antons leiblicher Vater arbeitete bei der ukrainischen Bahngesellschaft. So durfte seine Familie in einer Baracke am Bahndamm wohnen. Alkohol trieb die Familie in immer tiefere Armut. Die Mutter hob Gräber auf dem Friedhof aus, brachte als Lohn Wodka mit nach Hause. Wie ihre beiden Kinder all die Jahre überlebten, kann man heute nicht mehr sagen. Schließlich wurde der Vater wegen ständiger Trunkenheit von der Bahngesellschaft entlassen. Nach einer Blutvergiftung durch eine schmutzige Drogenspritze wurde ihm erst ein Bein amputiert, bevor er kurze Zeit später starb. Nun wurde das Leben der Mutter immer zügelloser. Der Alkohol ließ sie jegliche Mutterpflichten vergessen.

Kurz nach dem Selbstmord der Mutter brachte Antons Schwester einen Jungen zur Welt, Vater unbekannt. Als der Hunger der beiden Geschwister immer unerträglicher wurde, zogen sie wochenlang bettelnd durch die „Vergessenen Dörfer". Als sie zurückkamen, hatte man ihre Hütte einfach abgerissen. Anton, seine Schwester und ihr Kind standen völlig mittellos auf der Straße.

Elf Jahre lebt Anton in unserem „Familienkinderheim". Seine

Schwester jedoch irrt unterdessen mit ihrem Kind weiter ziellos durch die Ukraine. Es ist ein bewegender Augenblick, als Anton seine Pflegeeltern Peter und Nadja Degtjar zum ersten Mal mit *Vater* und *Mutter* anspricht. Anton geht regelmäßig zur Schule, erlernt einen handwerklichen Beruf und heiratet im Jahr 2012 in der westlichen Ukraine die Tochter eines Gemeindeleiters.

12. Ein Traum wird Wirklichkeit

Herbst 2004. Nachdem Familie Degtjar zu ihren eigenen Kindern noch Luba und Anton bei sich aufgenommen haben, wird es in ihrer kleinen Hütte allmählich eng. Grischa, das neu hinzukommene dritte Adoptivkind, sprengt den Rahmen. Wir beschließen, ein neues Haus für unser „Familienkinderheim" zu bauen.

Nadja Degtjar beschreibt ihre Gefühle, als dieser Traum Wirklichkeit wird.

Ich kann mich noch gut an den Tag erinnern, an dem wir zum ersten Mal mit unserer Missionsleitung darüber nachdachten, ein großes Haus für unser „Familienkinderheim" zu bauen. Damals wohnten wir mit neun Kindern in drei winzigen Zimmerchen auf 41 Quadratmetern.

In der kleinen Küche hatten nur ein Tischchen und vier Stühle Platz. Wenn ich zum Essen rief, stürzten sich natürlich zuerst die Jungen in die Küche, die Mädchen mussten warten. Bei den Hausaufgaben sah es nicht viel anders aus. Wer keinen Platz am Tisch fand, kniete vor einem Bett. Doch der Höhepunkt war der Abend, wenn viele Faltbetten im Wohnzimmer aufgestellt wurden und sich jeder einen Schlafplatz suchte.

Ganz aufgeregt gingen wir an die Planung. Jeder durfte seine Ideen einbringen. In den kommenden zwei Jahren wuchs ein zweistöckiges Gebäude auf unserem Gelände. Unser LKW brachte Möbel aus Deutschland, eine Küche, Staubsauger, eine Waschmaschine und vieles mehr.

Hinter uns liegt nun der langersehnte Tag, den wir nie vergessen werden. In einer Festveranstaltung wurde unser „Familienkin-

derheim" feierlich eröffnet. Viele Mitarbeiter aus unserer großen Missionsfamilie kamen, um zu gratulieren. Da gab es bewegende Rückblicke. Unsere Kinder zeigten in einem lustigen Theaterstück, wie der normale Alltag in unserer Großfamilie aussieht, und Luba erzählte, wie sie von der Müllhalde in unsere Familie gekommen ist.

Endlich können wir alle zusammen essen und haben zum ersten Mal ein Badezimmer mit fließendem warmen Wasser. Wir können unsere Freude und Dankbarkeit nicht in Worte fassen und träumen nun nicht nur von den neuen Zimmern, sondern auch davon, so bald wie möglich noch mehr Kinder bei uns aufzunehmen, um ihnen ein liebevolles Zuhause zu schenken.

13. Oxana

Es ist ein ungemütlicher Tag. Eiskalter Wind zerrt wütend an schmutzigen Plastiktüten, die die fehlenden Fensterscheiben in der heruntergekommenen Hütte ersetzen.

Verzweifelt zieht sich Oxana eine zerrissene Jacke über ihren Kopf, um die beißende Kälte abzuwehren, die durch alle Ritzen dringt. Ihr schmerzender Bauch ist aufgebläht, weil sie tagelang verschimmeltes Brot gegessen und kaltes Wasser getrunken hat.

Als Oxana noch kleiner war, luden Nachbarn sie manchmal aus Mitleid zu einer warmen Kohlsuppe ein. Gleichzeitig verfluchten sie ihre Eltern, die den ganzen Tag betrunken in ihrer Hütte lagen und sich nicht um ihre Tochter kümmerten. Ihre Eltern hatten nie geheiratet. Wie sollten sich zwei Betrunkene auch vor einen Traualtar schleppen?

Immer öfter versammeln sich Alkoholiker in ihrer Hütte zu nie enden wollenden Saufgelagen mit brutalen Schlägereien. Als Oxana an einem Abend ihre Mutter schützen will, wird sie hart von einer Eisenstange getroffen und wacht einen Tag später mit einem Verband um ihren Kopf in einem sauberen Krankenhausbett auf.

Zum ersten Mal in ihrem Leben kuschelt sich Oxana in ein richtiges Bett, wird dreimal am Tag mit leckerem Essen verwöhnt. Aus Angst, dass dieser wunderbare Traum bald zu Ende geht, versteckt sie einige Scheiben Brot als eiserne Reserve unter ihrem Kopfkissen.

Der Krankenhausaufenthalt verändert die Situation von Oxana radikal. Das Vormundschaftsgericht entzieht ihren Eltern das Sorgerecht. Oxana wird in ein Übergangsheim gebracht. Hier ist es warm, es gibt genug zu essen, doch trotz ihrer traumatischen Vergangenheit sehnt sich Oxana nach ihrer Mutter. Niemand erzählt ihr, dass sie bereits an einer Alkoholvergiftung gestorben ist und in einem Massengrab verscharrt wurde.

An einem Mittwochmorgen klingelt das Telefon in unserem „Familienkinderheim". Am anderen Ende meldet sich ein Beamter.

„Herr Degtjar, wir haben gehört, dass Sie Straßenkindern helfen und sogar einen Jungen und ein Mädchen von einer Müllhalde bei sich aufgenommen haben. In unserem Übergangsheim wohnt ein 12-jähriges Mädchen, das in ein Kinderheim geschickt werden soll, von dem wir ganz schlimme Geschichten gehört haben. Wir haben die kleine Oxana so lieb gewonnen, dass es unsere Herzen brechen würde, wenn wir sie in dieses schreckliche Kinderheim schicken müssten. Gibt es eine Möglichkeit, Oxana zu helfen?"

Schon lange beten Peter und Nadja dafür, dass Gott ihnen ein weiteres Kind schicken soll. Nun spüren sie, dass Oxana die Antwort auf ihre Gebete ist.

Kurz vor Weihnachten fließen noch einmal viele Tränen, als Peter und Nadja ihrer neuen Pflegetochter erzählen müssen, dass ihre Mutter gestorben ist. Oxana will ihr Grab aufsuchen, doch niemand weiß, wo sie ihre letzte Ruhe gefunden hat.

Im Übergangsheim hatte sich Oxana wegen der Ungewissheit ihrer Zukunft jeden Abend in den Schlaf geweint. Nun findet sie ein neues Zuhause, eine Familie mit vielen Geschwistern.

Oxana teilt sich ein Zimmer mit Luba, die auf einer Müllhalde gelebt hat. In Luba reißt das Schicksal von Oxana alte Wunden auf. Sie beschließt, ihrer neuen Schwester Vorbild und Hilfe zu sein. Nun hat Oxana ein eigenes Bett, das sie liebevoll „mein gemütliches Nest" nennt.

Zwei Monate später schreibt uns Luba einen Brief.

Seit zwei Monaten wohne ich mit meiner neuen Schwester Oxana in einem Zimmer. Wir sind gute Freundinnen geworden. Wenn ich sie beobachte, steigen düstere Erinnerungen aus meiner eigenen Vergangenheit in mir auf. Ich danke Gott, dass ich in unserem „Familienkinderheim" ein neues Leben beginnen konnte, und spüre den Auftrag, Oxana genauso zu helfen, wie mir geholfen wurde.

An langen Winterabenden vertraut mir Oxana, wenn wir in unseren Betten liegen, ihre tiefsten Gedanken und Geheimnisse an. Sie kann es noch immer nicht verarbeiten, dass Alkohol ihre Mutter umgebracht hat, dass sie in einem Massengrab verscharrt wurde. Wie sehr sehnt sie sich danach, im Frühling bunte Blumen auf das Grab ihrer Mutter zu stellen und weinend ihre Gefühle herauszuschreien. Egal, wie schrecklich ihre Kindheit war, im tiefsten Inneren liebt sie ihre Mutter. Oft höre ich, wie sie sich in den Schlaf weint, wie sie versucht, ihre Gefühle zu verarbeiten. Auch ich habe meine Mutter durch Alkohol verloren und kann sie gut verstehen. Jetzt erfährt Oxana in unserem „Familienkinderheim" Liebe, Wärme und Geborgenheit. Wir alle erleben, wie sie sich zu einem fröhlichen Mädchen entwickelt. Gleich am ersten Tag hat sie viele Spielsachen aus unserem Spielzimmer in ihr Zimmer geschleppt. Man konnte unter all den Kuscheltieren kaum noch ihr Bett ausmachen. So ist es mir am Anfang auch ergangen, weil mir meine Eltern nie Spielzeug geschenkt haben und ich mich als Kind so danach gesehnt habe.

Es liegt noch ein harter Weg vor Oxana, doch ich bin sicher, dass sie eines Tages Gott danken wird, dass ihr unser „Familienkinderheim" eine so wunderbare neue Chance geschenkt hat, dass sie hier neue Geschwister und liebevolle Eltern finden durfte.

Oxana kann schließlich die Schule abschließen, den Beruf einer Krankenschwester erlernen und findet eine Stelle im Krankenhaus. Doch an jedem freien Wochenende kommt sie zurück nach Hause, in ihr geliebtes „Familienkinderheim".

Oxana folgen die Pflegekinder Maxim und Tanja. Jeden Morgen hören sie alle die fröhliche Stimme von Nadja, ihrer Pflegemutter, die sie zum Frühstück ruft. Später machen sie sich mit ihren Geschwistern auf den Schulweg. Niemand hänselt sie wegen ihrer zerrissenen Kleidung, weil sie jetzt ordentlich angezogen sind.

Wir sind glücklich, dass unser himmlischer Vater Peter und Nadja Degtjar mit all den unterschiedlichen Kindern so wunderbare Geschenke gemacht hat!

14. Winterwünsche

Dezember 2002. Wadim starrt aus dem Fenster eines kleinen Häuschens, das uns jemand in Swetlowodsk vermietet hat, und beobachtet erste Schneeflocken. Dann kommen Worte zögernd über seine Lippen.

„Ich träume von einem Haus, in das ich immer kommen kann. Niemand wird mir sagen: *Das Haus ist voll!* Oder: *Wir haben schon andere Freunde!* Alle in diesem Haus freuen sich, wenn ich da bin!"

Während Wadim so verträumt spricht, strahlt er über sein ganzes Gesicht.

„Wadim, wir werden bald ein solches Haus kaufen. Es wird ‚Villa Sonnenschein' heißen, weil es traurige Kinder mit seinem Sonnenschein erfreuen wird." Ungläubig schaut Wadim Lena Uchnal an, die wenige Monate später dieses neue Haus leiten wird.

„In diesem Haus müssen aber auch Menschen sein, die Kinder von ganzem Herzen lieb haben, die sie in den Arm nehmen, mit ihnen spielen, ihnen etwas Gutes zu Essen kochen!"

Einen Augenblick überlegt Wadim. Doch dann sprudelt es schon wieder aus ihm heraus.

„Und Freunde will ich auch finden. Die Menschen in dem Haus müssen mich lieb haben, wie eine Mutter; sich um mich kümmern, wie eine Großmutter; mir Dinge beibringen, wie ein Vater!" Tiefe Freude erfüllt Lenas Herz.

„Wadim, wir haben oft so viele Träume und Wünsche, wie Schneeflocken draußen fallen. Manche von ihnen erfüllen sich tatsächlich."

Immer dichter fallen die Schneeflocken, auch Wadim hat immer neue Wünsche. Und während er in seinen Träumen versinkt, schwinden langsam seine trübsinnigen Gedanken. Er spricht über seine neuen Freunde, die er in der „Villa Sonnenschein" haben wird, als wenn sie gleich neben ihm stünden.

Unbemerkt ist die junge Natascha in unser Zimmer gehuscht.

„Kann ich auch meine Träume aussprechen, die so wie Schneeflocken werden?" – „Natürlich", antwortet Wadim, „ich brauche doch viele Freunde in meinem Haus."

Natascha erzählt von ihren Eltern, die ständig betrunken sind.

„Ich träume davon, eines Tages einen Beruf zu erlernen, um eine Arbeitsstelle in Swetlowodsk zu finden. Dann möchte ich einen christlichen Mann heiraten und meine Kinder mit ganz viel Liebe erziehen."

Immer mehr Kinder schleichen leise aus der Küche ins Wohnzimmer, sprechen über ihre Träume. Die meisten sehnen sich nach einem Platz, an dem sie von menschlicher Wärme umgeben leben können. Ihre Augen leuchten, wenn sie sich vorstellen, wie sich ihr Traum in eine Schneeflocke verwandelt.

Einfühlsam erzählt Lena ihnen von unserer geplanten „Villa Sonnenschein", als Wadim plötzlich so laut ruft, dass alle aus ihren Träumen erwachen: „Schaut nur, draußen ist alles ganz weiß."

Gemeinsam stehen sie am Fenster, bewundern das geheimnisvolle Glitzern der Schneekristalle.

„Kinder, lasst uns für unsere ‚Villa Sonnenschein' beten, dafür, dass unsere Träume in Erfüllung gehen."

Einen Monat später ist es so weit: wir kaufen ein großes, dreistöckiges Gebäude, das ausgebaut wird. Gleichzeitig beten wir für die richtigen Mitarbeiter.

In den kommenden Monaten wird „Villa Sonnenschein" das zentrale Gebäude von „Brücke der Hoffnung" in Swetlowodsk – ein offenes Haus, in dem Jungen und Mädchen aus gestörten, armen Familien tagsüber ein neues Zuhause finden. Es ist ein Ort, an dem die Träume unserer Kinder wahr werden können.

15. Ein Haus der Hoffnung

Februar 2003. Selbst wenn die Renovierungsarbeiten noch in vollem Gang sind, wird unsere „Villa Sonnenschein" jeden Tag gemütlicher. Noch vor wenigen Wochen war das Badezimmer eine hässliche Baustelle. Heute stolzieren Mädchen bewundernd über die neu verlegten Fliesen und träumen davon, bald unter einer warmen Dusche zu stehen.

Doch der größte Jubel erfüllt unsere „Villa Sonnenschein", als erste Möbel aus Deutschland eintreffen: Betten, Tische, Schränke, Sessel, Sofas. Selbst wenn die Möbel noch zusammengedrängt in den Räumen stehen, können sich die Kinder genau ausmalen, wo sie eines Tages platziert werden.

Plötzlich erschüttert ein Freudenschrei das ganze Haus. Wadim hat in einem Schrank Geschirr entdeckt. Ehrfurchtsvoll nimmt er einen Teller in seine Hand, fragt ungläubig: „Ist das für uns? Das ist ja Geschirr wie aus einem Königsschloss!"

Staunend stehen Jungen und Mädchen neben Wadim, wiegen Geschirr ehrfurchtsvoll in ihren Händen. In staatlichen Kinderheimen gibt es nur Tassen, Teller und Besteck aus Blech. Als die Kinder später an den neuen Tischen sitzen, essen sie fröhlich zum ersten Mal von den „königlichen Tellern".

Am Nachmittag helfen sie im Garten, graben, pflanzen, lachen, dass es durch die ganze Straße schallt. Und Lena steht mit Tränen in den Augen zwischen unseren kleinen Gästen und weiß, dass dies erst der Anfang einer großen Aufgabe ist.

Schritt für Schritt tauchen unsere kleinen Freunde in eine fremde Welt ein: Duschen, Fingernägel und Haare schneiden. Staunend sitzen sie um die Waschmaschine herum.

„Das ist ja wie in der Fernsehwerbung. Die Kleidung wird durch die Maschine gewaschen und wir brauchen einfach nur zuzuschauen!"

Gemeinsam überlegen die Mitarbeiter mit den Kindern, wie wichtig Hygiene und Sauberkeit für unser Leben sind. Im staatlichen Kinderheim gibt es selbst im Winter nur eiskaltes Wasser. Niemand bringt den Jungen und Mädchen die wichtigsten Lebensgrundlagen bei.

In „Villa Sonnenschein" jedoch können sie das warme Wasser, gutes Essen und natürlich die Fürsorge unserer Mitarbeiter genießen.

16. Hier bist du sicher

„Wir sind nie zur Schule gegangen, haben weder Schreiben noch Lesen gelernt und haben es trotzdem gut durchs Leben geschafft!" Ähnliche Sätze kursieren in Roma-Familien, wenn wir fragen, warum ihre Kinder nicht oder nur selten zur Schule gehen.

Einige Familien versuchen, diese Regel der Roma zu durchbrechen. Sie schicken ihre Kinder in unser „Spatzennest", die Vorschulgruppe in „Villa Sonnenschein".

Besuch bei einer Roma-Familie. Feuchtigkeit hat die Wände der Hütte schwarz gefärbt. Durch zerbrochene Fensterscheiben erhascht man schon von außen Einblicke in unvorstellbare Welten. Kann es wirklich sein, dass in dieser verkommenen Hütte jemand wohnt?

Noch einmal blickt Lena Uchnal, die unsere Vorschulgruppe „Spatzennest" leitet, ungläubig auf das Foto in ihrer Hand. Auf der Rückseite steht geschrieben: „Roma-Familie mit vielen Kindern!"

Modriger Gestank schlägt Lena entgegen, als sie das windschiefe Gartentor öffnet. An einem Baum lehnt ein alter Tisch mit zwei Beinen. Auf offenem Feuer kocht undefinierbare Flüssigkeit, die unangenehmen Geruch verbreitet. Zwei kleine Mädchen der Roma-Familie nehmen einen Topf vom Feuer, stellen ihn auf den Tisch.

„Nonna? Diana?" Vorsichtig vergleicht Lena die beiden Mädchen mit ihrem Foto. Sofort läuft eines der Mädchen auf sie zu, das andere hinkt hinterher.

„Hallo Mädchen, was macht ihr gerade?" Mit leuchtenden

Augen erzählt die Ältere, dass ihre Nachbarn vor einigen Tagen Kartoffeln geerntet haben.

„Alle Kartoffeln, die verfault oder ungenießbar waren, haben sie weggeworfen. Unsere Mutter hat sie sich geholt. Jetzt kochen wir die Kartoffeln gerade für unser Mittagessen."

„Tante Lena, wir haben gehört, dass du uns in ein riesiges Haus einladen willst, stimmt das? Wir haben gehört, dass dort Wasser aus der Wand fließt und dass es schon sofort warm ist. Wir haben auch gehört, dass ihr einen weißen Schrank habt, in dem es immer kalt ist, in dem ihr Lebensmittel aufbewahren könnt."

Immer neue Fragen sprudeln aus den Mädchen heraus, bis Lena sie ganz sanft in ihre Arme schließt.

„Wisst ihr was, ich habe ganz hübsche Kleidung für euch und eure Mutter mitgebracht. Die probieren wir jetzt an. Und dann gehen wir in unsere ‚Villa Sonnenschein' und ihr könnt alles mit eigenen Augen sehen!"

Minutenlang hält die Roma-Mutter Lenas Hand und bettelt: „Ich weiß nicht mehr, wie ich weiterleben soll. Unsere Nonna ist behindert, erhält eine Invalidenrente. Das ist fast das einzige Einkommen unserer Familie. Nonna ist vor vier Jahren von einem Motorrad angefahren worden, wurde mehrmals operiert. Jetzt hinkt sie, kann nicht mehr richtig laufen. Ich habe solche Angst um meine Kleinen, Nonna und Diana." Unter Tränen bittet sie Lena, ihre beiden Mädchen in unser „Spatzennest" aufzunehmen.

„Im Kindergarten haben mich die Erzieher angeschrien: ‚Zigeuner können wir bei uns nicht gebrauchen!' Ihr seid nun meine letzte Hoffnung! Bei euch können meine Mädchen duschen. Ihr gebt ihnen etwas zu essen. Und was für mich am Wichtigsten ist, ihr fördert sie in ihrer Entwicklung. Nonna sollte dieses Jahr eingeschult werden. Sie wurde abgelehnt, weil sie nicht einmal bis fünf zählen kann." Ganz dicht schmiegen sich die beiden Mädchen an ihre Mutter, versuchen sie zu trösten, schauen Lena bittend mit ihren hübschen dunklen Augen an.

Am nächsten Morgen hämmert Regen mit voller Wucht gegen die Fenster von „Villa Sonnenschein". Da freuen sich die Jungen und Mädchen natürlich, in ihr gemütliches „Spatzennest" gehen zu können. Warme Suppe duftet schon durch das ganze Haus, als eine Mitarbeiterin saubere Badetücher und Kindershampoo neben die Dusche legt.

Plötzlich klopft es leise an die Tür. Draußen steht Natascha, ein vierjähriges Mädchen, in Hausschuhen mit ängstlich aufgerissenen Augen. Kaltes Regenwasser tropft aus ihren Haaren. In den kommenden Minuten sucht Lena passende Kleidung für sie aus den aus Deutschland kommenden Kleiderspenden heraus. Dann trocknet sie Nataschas Haare mit einem Fön.

Natascha wohnt bei ihren Großeltern. Gleich nach der Geburt ließ ihre Mutter sie im Krankenhaus zurück. Ihr Vater leidet unter psychischen Störungen, ist oft in der Psychiatrie. Vor einem Jahr wollten Behörden Natascha den Großeltern wegnehmen, sie in ein Kinderheim bringen. Da verkauften die Großeltern ihr Haus und bestachen die Behörden, um das Sorgerecht für ihre Enkeltochter zu erhalten. Jetzt leben sie in einer heruntergekommenen Hütte ohne Heizung, Wasser und Strom.

„Heute … mein Vater … betrunken … hat Großmutter geschlagen … an ihren Haaren aus dem Haus gezerrt … sie hat geschrien … ganz laut … Großvater hat versucht, ihr zu helfen … doch da hat mein Vater … ein Messer … ich hatte solche Angst, dass er auch mich schlagen würde … bin einfach weggelaufen …"

Während Natascha das erzählt, zittert sie am ganzen Körper, beruhigt sich aber nach und nach ein wenig.

„Natascha, wir werden dich beschützen. Hier in ‚Villa Sonnenschein‘ bist du sicher. Und du weißt auch, wie lieb dich deine Großeltern haben. Sie werden es nicht erlauben, dass dir etwas passiert."

In den nächsten Minuten kommen nacheinander noch andere Kinder wie kleine Vögelchen in unser „Spatzennest" geflogen. Denis ruft schon ungeduldig an der Tür: „Mann, habe ich Hunger! Ich kann es kaum noch abwarten!"

Hungrig, aber auch total verdreckt, stürzen die Jungen und Mädchen ins Haus. Kinder, um die sich keiner kümmert, die niemand will. Viele von ihnen leiden unter Sprachstörungen oder Angstzuständen. Erst bei uns lernen sie mit einem Löffel oder mit einer Gabel zu essen. Heute haben die Mitarbeiterinnen interessante Dinge für sie vorbereitet, lustige Spiele, spannende Geschichten, warmes Wasser in der Dusche, Shampoo mit bunten Seifenblasen.

Denis wirkt verstört. Während er seinen heißen Tee schlürft, sprudelt es nur so aus ihm heraus.

„Letzte Nacht habe ich in der Bar geschlafen, in der meine Mutter arbeitet. Weil ich Angst hatte, alleine nach Hause zu gehen, bin ich auf ein paar Bierkisten unter der Theke eingeschlafen. Am Morgen ist meine Mutter mit einem betrunkenen Mann verschwunden. Als ich aufgewacht bin, hatte ich keinen Schlüssel von unserer Wohnung. Den ganzen Morgen hab ich auf der Straße gewartet, bis ihr ‚Villa Sonnenschein‘ aufgemacht habt."

Denis ist sechs Jahre alt. Sein Vater sitzt im Gefängnis. Seine Mutter arbeitet in einer Bar mit äußerst schlechtem Ruf. Oft verschwindet sie einfach für mehrere Tage. Verloren irrt Denis dann durch die Straßen von Swetlowodsk, um sie zu suchen. Andere Straßenkinder versuchen, Denis zu demütigen.

„Schaut mal, da kommt Denis. Eines Tages wird er genauso ein Verbrecher wie sein Vater!"

Als Denis zum ersten Mal in unser „Spatzennest" kam, verkroch er sich in die hinterste Ecke. Erst langsam ist der Eispanzer um sein kleines Herz geschmolzen. Genauso, wie all die anderen „Spatzen" findet er bei uns Wertschätzung, Liebe und Geborgenheit.

17. Hilflosigkeit

„Matfei, deine Mutter ist gekommen. Es ist Zeit, nach Hause zu gehen." Von einem Augenblick auf den anderen verwandelt sich das fröhliche Gesicht des kleinen Jungen in eine versteinerte Maske. Verzweifelt versucht er, sich im Haus zu verstecken.

Beißender Alkoholgestank begleitet jeden ihrer Schritte, als die junge Frau in den Korridor von „Villa Sonnenschein" wankt. Brutal reißt sie den Jungen von Lena weg und versucht, ihm seine Schuhe anzuziehen.

Der vierjährige Matfei besucht seit neun Monaten unser „Spatzennest". Eigentlich ist er zu klein, aber seine familiäre Situation hat unsere Herzen bewegt.

Lena erinnert sich noch an den ersten Besuch in seiner Familie. Eine betrunkene, verwahrloste, schwangere Frau mit einer Zigarette im Mund öffnete die Tür. Hinter ihr steht der damals dreijährigen Matfei, nackt und verdreckt.

Wenige Wochen später bringt seine Mutter das nächste Kind zur Welt, Timofei. In einem Arm das Baby, das sie gerade stillt, in der anderen Hand eine Wodkaflasche – so wankt die alkoholisierte Mutter durch ihr unerträgliches Leben.

Mürrisch zerrt die Frau ihren Sohn aus der Haustür, schreit ihn ununterbrochen an. Hilflos beobachtet Lena das Schauspiel, kann nur beten. Noch von Weitem hört sie das traurige Schluchzen von Matfei. Morgen wird der Kleine wieder erleichtert in unser „Spatzennest" stürmen und sich seine Portion an Liebe und Fürsorge abholen, um in seinem traumatischen Zuhause überleben zu können.

18. Ein Lächeln auf dem Gesicht

„Weihnachten steht hier ein riesiger Tannenbaum, den wir zusammen dekorieren ... und wenn jemand Geburtstag hat, dann essen wir eine Torte ... im Garten haben wir einen richtigen Spielplatz mit einer Schaukel ...“

Die Augen unserer neuen „Spatzen“, unserer Vorschulkinder, werden immer größer, während Angelina, David und Rusalina wie professionelle Reiseführer „Villa Sonnenschein“ vorstellen. Ihren lautstarken Ausführungen und den ausladenden Handbewegungen kann sich niemand entziehen. Kolja, der noch ein wenig schüchtern ist, kann da nicht mithalten, schleppt stattdessen seine Lieblingsbilderbücher heran.

Sofia hockt ängstlich zusammengekauert auf einer Couch. Hanna lässt Lenas Hand nicht los, schmiegt sich ganz dicht an sie. Nur Nonna ist mutiger, sie spielt bereits mit einem bunten Ball.

Wenige Augenblicke später sitzen sie gemütlich im Kreis, lauschen auf ein lustiges Märchen. Entspannt tauchen unsere kleinen Gäste in eine fremde Märchenwelt ein. Sie strahlen, lachen, vergessen ihre traumatischen Familienverhältnisse.

Jeder unserer neuen kleinen Freunde könnte aus seinem eigenen Leben von Alkohol, Armut, Hunger und Hoffnungslosigkeit erzählen.

Nonna ist mit acht Jahren unser ältester Neuzugang. Ihre Roma-Familie wohnt in einer heruntergekommenen Hütte am Rand von Swetlowodsk. Wenn die anderen Kinder schon lange mit dem Mittagessen fertig sind, schaufelt sie immer noch in sich hinein, was immer wir auf den Tisch stellen, getrieben von der unbändigen Angst, dass es für lange Zeit ihre letzte Mahlzeit sein könnte.

Im Winter herrscht klirrender Frost in ihrer Hütte, dazu kommt unerträgliche emotionale Kälte. Oft findet sie nicht einmal trockenes Brot im Schrank. Ein anderes Leben hat Nonna nie kennengelernt. Ihre Eltern versuchen, ihrer großen Armut und ihrem Schicksal mit Alkohol zu entrinnen. Oft vergessen sie, dass sie eine Tochter haben. Nonnas Geburtsurkunde ist schon lange verloren gegangen. Niemand weiß, wann ihr Geburtstag gefeiert werden soll. Gemeinsam legen wir für Nonna den 20. April als ihren Geburtstag fest. Was kann ein Mädchen wie sie vom Leben erwarten? Heute sieht sie zum ersten Mal eine Dusche und hält erstaunt ihre Hand ins warme Wasser.

Neben Nonna sitzt die traurige Sofia, die nach den ersten Tagen in unserem „Spatzennest" nicht mehr so angespannt wirkt.

Manchmal huscht sogar ein leichtes Lächeln über ihr Gesicht, weil das kleine Schweinchen in der Märchengeschichte, die gerade erzählt wird, dem bösen Wolf ein Schnippchen geschlagen hat.

Sofias Mutter muss Sofia und ihren einjährigen Bruder ernähren. Alkoholpartys in ihrer kleinen Einzimmerwohnung lassen beide Kinder kaum zur Ruhe kommen. Nervöses Zucken auf Sofias Gesicht ist Zeugnis von einem unruhigen Leben. Oft sitzt Sofia zu Hause in einer Ecke, hält sich einfach nur die Ohren zu.

Mit strahlenden Gesichtern klatschen unsere kleinen Gäste vor Freude in die Hände, als Lena die Geschichte zu Ende erzählt hat. Sie erfreuen sich daran, dass die Geschichte gut ausgegangen ist. Und Lena ist dankbar, dass wir unseren „Spatzen" in ihrer traumatischen Umgebung eine Insel des Friedens, der Ruhe, der Wertschätzung und der Liebe schenken dürfen. Immer wieder können wir miterleben, wie ihre tief verwundeten Herzen gesunden, weil wir ihnen mit Gottes Hilfe neue Hoffnung für ihr von Elend geprägtes Leben schenken dürfen.

19. Weihnachtsträume

Es ist still im „Spatzennest", mucksmäuschenstill. Nur flackernde Kerzen durchbrechen mit ihrem heimeligen Knistern die atemlose Stille. Eine spannende Geschichte von einem Kindertraum lässt die kleinen Zuhörer bei leiser Musik in eigene Traumwelten abtauchen.

„Ich träume von einer riesigen Packung Kekse!" Suchra ist die Erste, die uns an ihren Träumen teilhaben lässt.

„Und ich träume davon, dass mein Vater bald aus dem Gefängnis nach Hause kommt!" Verzweifelt versucht Jasmin, ihre Tränen zurückzuhalten.

„Ich träume davon, dass wir vor dem ersten Schnee genug Brennholz finden. Dann müssen wir nicht wieder im kalten Winter Zweige und Äste suchen." Der kleine Samir spricht schon wie ein alter Hausvater.

„Wenn … wenn …" Plötzlich beginnt Richard zu stottern. „Wenn ich meine Augen zumache … dann … dann stell ich mir vor, dass mich meine Mutter umarmt und mir einen Kuss gibt …"

Nur Slawik bleibt still. Doch am nächsten Tag läuft er aufgeregt durch unseren Flur.

„Tante Lena, ich hab auch einen Traum!" Begeistert schwenkt er eine alte Postkarte durch die Luft. In einem großzügigen Wohnzimmer steht ein romantischer Tannenbaum, dekoriert mit bunten Girlanden und schimmernden Kugeln. Unter dem Weihnachtsbaum liegen verlockende Geschenke. Mit zitternden Händen streckt er Lena die zerknitterte Karte entgegen.

Seit Slawik die vergilbte Karte im Sommer in einer verlassenen Hütte gefunden hatte, versteckte er sie sorgfältig unter seinem

Kopfkissen, musste seinen Schatz aber immer wieder in einsamen Nächten mit allen Einzelheiten betrachten, träumte sich in das romantische Weihnachtszimmer hinein.

Der fünfjährige Roma-Junge wächst in einer armen Familie auf. Seine Eltern, die nie eine Schule besucht haben und jeden Tag bettelnd durch Swetlowodsk ziehen, sind unfähig, sich um ihre beiden Söhne zu kümmern.

Vor einem halben Jahr besuchten wir seine Familie zum ersten Mal. Slawik verstand nicht, über was die Erwachsenen sprachen, doch als ihn eine unserer Mitarbeiterinnen sanft in ihre Arme schloss, fühlte er zum ersten Mal Liebe und Geborgenheit. Gleich am nächsten Tag eröffnete sich ihm eine ganz neue Welt: „Villa Sonnenschein", eine Welt voller Wärme und Licht, voller Farben und interessanter Spielsachen. Verführerischer Duft strömte aus der Küche. In den kommenden Tagen wurde unser „Spatzennest" sein neues Zuhause.

Lena betrachtet die Karte, die Slawik ihr zeigt. „Slawik, das ist ein Weihnachtsbaum! Zu Weihnachten feiern wir den Geburtstag von Jesus Christus. In dieser Zeit singen Menschen Weihnachtslieder, lesen die Geschichte von der Geburt Jesu und beschenken sich, weil sie so froh sind."

Mit offenem Mund lauschen die kleinen „Spatzen" Lenas Worten und ihr wird neu bewusst, dass sie noch nie etwas von Weihnachten gehört haben. Liebevoll streichelt Slawiks kleine Hand über die vergilbte Karte.

„Slawik, ich verspreche dir, dass dein Traum bald in Erfüllung geht, dass du in diesem Jahr Weihnachten kennenlernst. Du wirst die Weihnachtsgeschichte hören, Weihnachtslieder lernen und gemeinsam werden wir unsere ‚Villa Sonnenschein' festlich schmücken."

Nun können unsere „Spatzen" die Adventszeit und das Weihnachtsfest kaum noch abwarten.

20. Eine Villa am See

Frühling 2004. An einem sonnigen Frühlingsmorgen steht eine aufgeregte Frau vor unserer „Villa Sonnenschein".

„Ich habe so viele wunderbare Geschichten aus eurer Kinderarbeit gehört. Meine Mutter ist alt und kann bald nicht mehr alleine leben. Wollt ihr nicht ihr Haus kaufen? Es liegt nur 100 Meter von ‚Villa Sonnenschein' entfernt, an einem kleinen See."

Der Preis erscheint uns ein wenig hoch. Nachdem die Besitzerin kurz darauf stirbt, wird uns das Haus erneut angeboten, diesmal zu einem Drittel des Anfangspreises. Als uns dann auch noch eine Gemeinde aus Bremen in derselben Woche einen riesigen Geldbetrag aus der Kollekte schickt, kommen wir aus dem Staunen nicht mehr heraus: Sie deckt auf den Euro genau den Kaufpreis ab.

Diese wunderbare Bestätigung ermutigt uns vorwärtszugehen, um unser „Tageskinderheim am See" zu gründen – einen Ort, an dem Schulkinder ihre Nachmittage verbringen können. Sie gehen nur zum Schlafen nach Hause. Unsere Kinder nennen das Haus liebevoll „Villa am See" und träumen davon, bald einzuziehen. Eines der ersten Mädchen ist Galja.

„Hallo Mutter! Das Konzert fängt bald an. Ich hab dir einen guten Platz in der ersten Reihe reserviert! Ich kann es kaum noch abwarten!" Vor Aufregung zittern Galjas Hände, sodass ihr der Telefonhörer fast aus der Hand fällt.

„Mutter, du willst *nicht* kommen?" Verzweifelt sackt das Mädchen in sich zusammen, ringt um Luft, versucht, das Unfassbare zu begreifen.

„Mutter, warum? Ich hab doch wochenlang ein Lied gelernt, nur für dich!" Ein bitteres Gefühl steigt in Galja auf, schnürt ihr den Hals zu.

„Galja, was ist passiert?" Liebevoll nimmt Oxana Naumtschuk die junge Galja in den Arm.

„Meine … meine Mutter … will nicht kommen. Sie sitzt zu Hause mit … mit ihrem neuen Freund. Er hat schon die letzte Nacht bei uns geschlafen. Und heute werden sie sich bestimmt wieder die ganze Nacht betrinken. Ich habe davon geträumt, auf unserem Elternfest nur für sie zu singen. Ich habe gehofft, dass sie einmal Zeit für mich hat!"

Im nächsten Augenblick sitzen die beiden in einer ruhigen Ecke. Oxana betet für Galjas tief verwundetes Herz.

In den vergangenen Jahren brachte Galjas Mutter immer neue Männer mit nach Hause. In der Anfangszeit hoffte das Mädchen noch, dass sie endlich einen Vater bekommen würde, erzählte immer wieder stolz: „In Zukunft heiße ich Galja Petrowa … nein, Michailowna … Solomenko … Iwanowa …" Irgendwann verstand Galja, dass ihre Mutter keinen dieser vielen Männer heiraten wollte.

Leise geht Oxana ins Nebenzimmer, schreibt eine SMS an Galjas Mutter: „Marina, bitte komm! Deine Tochter braucht dich heute mehr denn je!"

Die fröhliche Veranstaltung beginnt. Lieder, Tänze, Theaterstücke. Jedes Kind versucht sein Talent zu zeigen, erfreut sich am tosenden Applaus, aber besonders an den liebevollen Blicken ihrer stolzen Mütter.

„Galja, jetzt bist du an der Reihe! Du musst singen!" Traurig nickt das Mädchen Oxana zu, als ihr jemand sanft die Hand auf die Schulter legt. Überrascht dreht sie sich um.

„Mutter! Du bist doch noch gekommen!" Tränen strömen über Galjas Gesicht, doch ihre Augen strahlen. Dann steht sie vor dem

Mikrofon. Galja sieht all die Menschen im Saal nicht mehr. Sie singt nur für ihre Mutter, so bezaubernd wie noch nie.

„Wenn du neben mir stehst, dann fühle ich deine Wärme! Wenn du neben mir stehst, fühle ich Frieden und Licht in meiner Seele, meine liebe Mutter!"

Wie aus einer anderen Welt schweben die warmherzigen Worte durch den Saal. Tränen fließen, Taschentücher werden gezückt, am Ende will der Applaus nicht abreißen.

Voller Liebe schaut Galja auf ihre Mutter. Jeder spürt ihre Erleichterung. Ihr Traum, für die liebste Person in ihrem Leben zu singen, ist in Erfüllung gegangen. Lange stehen die beiden nach der Veranstaltung eng umschlungen in einer Ecke, weinen. Die meisten der Gäste schleichen leise aus dem Saal, um das unerwartete Glück nicht zu stören.

Fast alle unsere Kinder aus unserem „Tageskinderheim am See" haben nie echte Mutterliebe erfahren, nach der sie sich doch so sehr sehnen.

21. Das schönste Geschenk

Leichter Pulverschnee dekoriert die Bäume rechtzeitig zum Weihnachtsfest. Trotz eisiger Kälte freuen sich unsere Kinder auf einen romantischen Winterspaziergang. Doch als auf dem Heimweg die Umrisse von „Villa am See" aus dem lustigen Schneetreiben auftauchen, ist niemand mehr zu halten. Die Vorfreude auf eine warme Stube, auf heißen Tee und auf fröhliche Spiele löst bei allen Begeisterung aus.

Nur Taia hockt anschließend traurig im Wohnzimmer. Schweigend setzt sich Oxana neben das Mädchen, legt ihren Arm behutsam um ihre Schulter. Tiefe Seufzer künden einen Wasserfall von Tränen an. Mit zitternden Fingern zieht Taia ein zerknülltes Papier aus ihrer Tasche, einen Brief von ihrer Mutter aus dem Gefängnis, ein erstes Lebenszeichen nach unendlich langer Zeit.

Taias Mutter war vor vielen Jahren zusammen mit einem Mann in eine Wohnung eingebrochen, hatte die Besitzerin brutal zusammengeschlagen und war dann in einem spektakulären Gerichtsprozess zu einer langen Haftstrafe verurteilt worden.

Vorsichtig legt Taia den Brief in Oxanas Hand. In Worten, die kein Kind verstehen kann, erzählt ihre Mutter, wie sie von anderen Häftlingen misshandelt wird. Verbittert beschreibt sie feuchte Wände in eiskalten Zellen und dünne Decken, in denen man nie richtig warm wird. Die Mutter bittet ihre Tochter im Brief um Vergebung, weil sie ihr nie die Liebe geschenkt hat, die sie verdient.

Wie versteinert sitzt Taia da, kann sich nicht bewegen. Tränen strömen über ihr Gesicht. Schreckliche Erinnerungen, die sie nicht verarbeiten kann, steigen aus der Tiefe ihrer Seele in ihr auf. Ihre kranke Großmutter, bei der Taia nun wohnt, hat nach diesem unerwarteten, niederdrückenden Brief einen schweren Herzanfall erlitten. Wie viele schlaflose Nächte hat das siebenjährige Mädchen in seinem Leben bereits verbracht?

„Tante Oxana, wenn meine Mutter Gott kennengelernt hätte, dann wäre bestimmt vieles anders gelaufen. Meine Mutter hat mich oft verletzt, doch tief in meinem Herzen hab ich sie noch immer lieb. Kannst du mir helfen, ihr einen Weihnachtsbrief zu schreiben?"

Wenige Augenblicke später lässt sie ihre Gefühle auf ein weißes Blatt Papier fließen.

„Liebe Mama, ich wünsche Dir ein frohes Weihnachtsfest! Ich vermisse Dich! Ich hoffe, dass Du bald aus dem Gefängnis entlassen wirst, dass Du zu Großmutter und mir zurückkommst ..."

Eifrig erzählt sie im Brief ihrer Mutter, wie sie in unserem „Tageskinderheim am See" ein neues Zuhause gefunden hat.

„Liebe Mama, ich habe Dir vergeben. Ich hab Dich lieb und hoffe, dass gerade jetzt zu Weihnachten meine Liebe Dein Herz erwärmt ..." Nachdem der Brief fertig ist, betet Taia erleichtert, dass ihre Mutter auch im Gefängnis ein fröhliches Weihnachtsfest feiern kann.

Die Hände von Taias Großmutter zittern vor Aufregung, als sie einige Wochen später den lang erwarteten Brief ihrer Tochter öffnet.

Liebe Mutter, liebe Taia! Vor einigen Tagen bin ich in ein Frauengefängnis in Dneprodserschinsk verlegt worden, zwei Autostunden von euch entfernt. So nah und doch so fern. Ich vermisse euch!

Zuerst beginnt die Stimme von Großmutter Anna zu beben, dann erstickt sie in tiefem Schluchzen. Wortlos reicht sie Taia den Brief, wischt sich Tränen aus ihrem Gesicht.

„Taia, kannst du mir den Brief deiner Mutter zu Ende vorlesen? Ich schaffe es einfach nicht mehr."

Mit hungrigen Augen verschlingt Taia jedes einzelne Wort. Wie oft hat sie ihren Briefkasten verzweifelt durchsucht, um wieder einmal enttäuscht mit leeren Händen zurückzukehren?

Als Taia den Brief zu Ende gelesen hat, rückt sie ganz dicht an ihre Großmutter heran. Ganz ruhig ist es geworden in dem kleinen Zimmerchen, nur leise Schluchzer durchbrechen die schmerzvolle Stille. Erst weit nach Mitternacht schlafen die beiden erschöpft ein.

Am nächsten Tag erzählt Taia in unserem „Tageskinderheim am See" von dem bewegenden Brief. Ihre traurigen Augen bringen uns auf eine Idee.

„Taia, weißt du was, vielleicht können wir ja deine Mutter im Gefängnis besuchen gehen!" Ungläubig starrt das Mädchen Oxana an.

„Tante Oxana, ich … ich habe schon vergessen, wie … wie meine Mutter überhaupt aussieht. Ich … ich weiß nur noch, dass sie … dass sie ganz schlank ist, dass sie helles Haar hat. Ich kann mich noch gut an den Tag erinnern, an dem die Polizei sie abholte, weil sie eine alte Frau brutal zusammengeschlagen und ihre Wohnung ausgeraubt hat."

Gleich am Abend schreiben wir einen Brief an Julia ins Gefängnis, erzählen von unserem „Tageskinderheim am See", in dem Taia ein Zuhause gefunden hat, und dass wir sie besuchen wollen.

Drei Wochen später trifft die bewegende Antwort bei uns ein.

Liebe Mitarbeiter von ‚Brücke der Hoffnung', ich kann es kaum glauben, dass Sie mein kleines Mädchen zu mir ins Gefängnis bringen wollen. Sie ist das Einzige, mein Liebstes, was mir noch

geblieben ist. Ich habe Angst, dass ich sie nicht mehr loslassen wer-
de, wenn ich sie erst einmal in den Armen halte.

Langsam kämpft sich ein rotes Auto an einem nebligen Morgen über verschneite Straßen. Erschöpft schläft Taia auf dem Schoß einer Mitarbeiterin auf dem Rücksitz. Gespenstisch breitet sich das riesige Gefängnisgebäude nach der letzten Kurve vor ihnen aus, umgeben von unüberwindbarem Stacheldraht. Männer mit schweren Maschinenpistolen bewachen das Gelände.

Hinter dem düsteren Eingangstor warten erst einmal unzählige Formulare darauf, ausgefüllt zu werden. Dann geht es weiter, durch finstere Gänge, vorbei an verschlossenen Stahltüren. Ängstlich drückt sich Taia ganz dicht an unsere Mitarbeiterinnen.

In einem schmutzigen Raum müssen sie sich auf eine kalte Bank setzen. Dickes Glas trennt sie von einem breiten Korridor. Hinter einer weiteren Scheibe sitzt zusammengesunken eine junge Frau. Aufgeregt springt Taia auf, schlägt sich die Hand vor den Mund, flüstert: „Das ist … das ist meine … meine Mutter …"

Tränen der Angst und der Anspannung fließen über ihr blasses Gesicht. Die müde Frau auf der anderen Seite deutet kraftlos auf ein altes Telefon, mithilfe dessen sie sich durch die dicken Scheiben hindurch unterhalten können.

„Mama … Mama … wie … wie geht es dir? Wann … wann kommst du aus dem Gefängnis? Großmutter und ich, wir … wir vermissen dich so sehr! Großmutter sagt immer wieder, dass sie stirbt, bevor sie dich noch einmal gesehen hat. Ich hab Angst, dass ich dann ganz alleine bin. Bitte, bitte, komm bald zurück, wir warten auf dich!"

Eine Weile unterhalten sich die beiden, erzählen, wie trostlos das Leben ohne den anderen aussieht, bis Taia erschöpft unter Tränen zusammenbricht.

„Passt bitte in eurem ‚Tageskinderheim' auf meine kleine Taia auf!" Verzweifelt klebt Julia mit verkrampften Händen an der Scheibe.

„Ich finde keine Worte, um auszudrücken, was ich jetzt fühle. Ich kann euch nicht genug dafür danken, dass ihr mir meine liebe Taia gebracht habt!"

Behutsam führen die Mitarbeiterinnen Taia aus dem Raum. Wenig später sitzen alle wie benommen im Auto. Taia schaut noch lange sehnsüchtig aus dem Rückfenster. Die Stille wird nur von ihrem tiefen Schluchzen durchdrungen. Schließlich krümmt sie sich auf dem Schoß einer Mitarbeiterin zusammen und flüstert: „Danke, dass ihr mit mir ins Gefängnis gefahren seid, dass ich meine Mutter nach einer so langen Zeit wiedertreffen durfte! Jetzt weiß ich wieder, wie sie aussieht. Ich kann mich an ihre Augen, an ihr Lächeln erinnern. Das war das schönste Geschenk, das ihr mir machen konntet!"

Zwei Jahre später wird Taias Mutter Julia aus dem Gefängnis entlassen. Schließlich kommt der Tag, an dem wir Taia loslassen müssen. Nun beginnt für sie ein neues Kapitel, in dem sie zusammen mit ihrer Mutter den nächsten Lebensabschnitt gestalten muss.

22. Ein ermutigendes Wunder

Müde sitzen alle leitenden Mitarbeiter in unserer Missions-
zentrale in Swetlowodsk. Hinter uns liegt eine anstrengende Zeit.
Da wurden die nächsten Hilfsgütertransporte geplant, Bauarbei-
ten, unsere großen Sommerlager, Hilfe für bedürftige Familien,
die Anstellung weiterer Erzieherinnen.

Oft werden wir gefragt, wer unsere Arbeit finanziert. Das frage
ich mich in solchen Augenblicken genauso. Mit dem folgenden
kleinen Erlebnis will ich zeigen, wie wir immer wieder Gottes Fürsorge in unserer Missionsarbeit erleben.

Mitten in all die Sommerplanungen hinein, in einer Zeit, in der
wir unsere finanziellen Möglichkeiten überschritten haben, platzt
ein überraschender Anruf von unseren LKW-Fahrern.

„Burkhard, es tut uns leid, aber wir haben schlechte Nachrichten. Es gibt in der Ukraine neue Gesetze, die besagen, dass LKWs,
die älter als zwölf Jahre sind, nicht mehr ins Ausland fahren dürfen. Unser Auflieger ist aber 13 Jahre alt. Wir müssen einen neuen
Auflieger kaufen, sonst können wir im September keine Hilfsgüter
in Deutschland abholen."

Da sitze ich nun in meinem Zimmer in Swetlowodsk. Von welchem Geld sollen wir das Fahrzeug kaufen? Gleich am nächsten
Morgen vertiefen sich Mitarbeiter ins Internet, um einen passen-
den, gebrauchten Auflieger in Deutschland zu finden, der etwa
16.000 Euro kosten darf. Plötzlich stoßen wir auf einen Jumbo-
Auflieger, in den 20 Prozent mehr Hilfsgüter passen, doch der
Preis schreckt uns ab – 20.080 Euro.

Nach langen Überlegungen sind wir sicher: Das ist das richtige

Fahrzeug. Mit klopfendem Herzen rufe ich die Firma an, die den Auflieger verkaufen will.

„Ich bin gerade in der Ukraine, aber ich komme morgen, am Dienstag, wieder nach Deutschland zurück. Können Sie mir das Fahrzeug reservieren? Wie lange? Okay, bis zum Freitagmittag."

Am Dienstag fliege ich nach Frankfurt zurück, eile sofort zur Bank. Zu meinem Erschrecken ist das Konto fast leer. Natürlich, das Sommerloch, da haben die meisten Missionen finanzielle Schwierigkeiten! Meine Gebete werden intensiver. Es folgt der Mittwoch, der Donnerstag, schließlich der Freitag.

Was soll ich tun? Soll ich einen Kredit aufnehmen oder einen kleineren Auflieger kaufen? Mit schweren Gedanken mache ich mich auf den Weg zur Bank. Als ich am Kontoauszugsdrucker auf unsere Auszüge schaue, kann ich mich vor Freude kaum noch auf den Beinen halten. Da hat uns eine Frau 20.000 Euro überwiesen, genau zum richtigen Zeitpunkt!

Im Büro angekommen, überfallen mich Zweifel. Vielleicht ist das Ganze ein Buchungsfehler einer Bank. Gespannt schaue ich in unseren Computer, um zu sehen, wer das Geld geschickt hat. Es handelt sich um eine ältere Dame aus einem Altenheim in Schleswig-Holstein. Mein Mut sinkt. Also doch ein Buchungsfehler.

Als eine Mitarbeiterin im Altenheim anruft, meldet sich eine begeisterte Frau am anderen Ende.

„Das freut mich aber, dass mein Geld genau im richtigen Augenblick bei Ihnen eingetroffen ist. Wissen Sie, ich habe genug Geld. Das meiste habe ich bereits an meine Kinder weitergegeben. Nun habe ich gedacht, dass dieses Geld bestimmt gut bei Ihnen angelegt ist."

Zwei Tage später, am Sonntag, predige ich in einer Nachbargemeinde. Als meine Predigt zu Ende ist, erzähle ich noch mein Auflieger-Erlebnis. Nach dem Gottesdienst spricht mich eine Frau an.

„Vielen Dank für Ihre Geschichte. Sie hat mich tief bewegt. Ich befinde mich auch in einer schwierigen Situation. Ich wollte schon aufgeben. Doch jetzt habe ich ganz neuen Mut gewonnen. Ich werde Gott mit meinem Problem nun von Herzen vertrauen. Der Auflieger kostet 20.080 Euro und Sie haben doch erst 20.000 Euro bekommen. Ich möchte Ihnen gerne noch die restlichen 80 Euro geben, um ein Teil von diesem ermutigenden Wunder zu werden!“

23. Ein Zufluchtsort

„Hallo, ist da ‚Brücke der Hoffnung'?" Ängstlich zittert die Stimme am anderen Ende der Leitung.

„Ja, hier ist Luda Slobodianik. Was kann ich für Sie tun?"

„Ich heiße Natascha Ischakowskaja. Vor Kurzem habe ich in Ihren ‚Missionsnachrichten' über Ihre Arbeit in den ‚Vergessenen Dörfern' gelesen. Ich bin so froh, dass es Menschen gibt, die sich um diese Ärmsten der Armen kümmern. Seit Jahren bete ich um eine Möglichkeit, Kindern aus gestörten Familien in meinem Dorf Pawlowka zu helfen. Wenn ich diesen Jungen und Mädchen auf den Straßen in meinem Dorf begegne – hungrig, schmutzig, verwahrlost –, dann zerreißt es mein Herz. Ich möchte ihnen das schenken, was sie so sehr vermissen. Wenn Sie eine Mitarbeiterin in Pawlowka suchen, die Gott und diesen Kindern dienen will, dann bin ich bereit zu helfen."

Das Telefonat wühlt Luda Slobodianik, die unsere Arbeit in den „Vergessenen Dörfern" leitet, so sehr auf, dass sie sich einige Tage später auf den Weg macht, um Natascha zu treffen.

Die Augen der 50-jährigen Frau strahlen tiefe Liebe und Begeisterung aus. Voller Mitgefühl spricht sie über das schwere Leben in ihrem Dorf. Natascha pflanzt Obst und Gemüse in ihrem kleinen Garten an, verkauft es auf dem Wochenmarkt in Swetlowodsk, putzt den alten Dorfladen. Trotz der schweren Arbeit schlägt ihr Herz für die Kinder in ihrem Dorf.

Eine Stunde später sind sie gemeinsam in Pawlowka unterwegs, um Räumlichkeiten für unsere neue Kinderarbeit zu finden. Graue Hütten, windschiefe Zäune, eingefallene Dächer – Ruinen der Kolchose, die schon lange aufgegeben hat. Überall herrscht trostlose Leere und Hoffnungslosigkeit. Luda und Natascha klopfen an unzählige Türen, fragen nach einem geeigneten Haus, doch alle schauen sie nur ärgerlich an. Wen interessieren schon Straßenkinder im Dorf? Jeder hat genug eigene Probleme und kann gerade selbst überleben.

Als sie schon aufgeben wollen, kommt eine kleine alte Frau aus ihrem Haus. Nachdem sie ihre Geschichte erzählt haben, fließen Tränen über ihr Gesicht.

„Mädchen, Mädchen, das ist eine große Aufgabe, die ihr euch vorgenommen habt, aber vielleicht kann ich euch helfen. Mein Mann ist vor zwei Monaten gestorben, ich bin ganz alleine. Wenn ihr wollt, könnt ihr in einem Nebengebäude zwei Zimmer, eine Küche und eine Toilette benutzen. Ich werde glücklich sein, wenn Kinderlachen durch meinen Garten schallt. Und wenn ihr jemanden braucht, der Kartoffeln schält – ich habe genug Zeit!"

Als sie noch herausfinden, dass Großmutter Maria keine Miete für die Zimmer will und ihre Tochter in Ludas Gemeinde in Swetlowodsk geht, spüren sie, wie Gott alles in Pawlowka von langer Hand geplant hat.

Ihr Herz schlägt schneller, als Großmutter Maria ihnen die Zimmer zeigt. Sie können sich lebhaft vorstellen, wie sie mit Kindern am Tisch sitzen, vor dem Essen beten, der Duft der ersten Suppe in ihre Nasen steigt. Luda weiß natürlich, wie viel Arbeit noch vor ihnen liegt, bis es endlich losgeht. Aber sie ist glücklich, dass Gott ihr mit Natascha Ischakowskaja und Großmutter Maria zwei hingebungsvolle Menschen an die Seite gestellt hat.

Erste, warme Sonnenstrahlen wecken selbst in den grauen, trostlosen „Vergessenen Dörfern" ein wenig Hoffnung und Lebensfreude.

Erwartungsvoll den Löffel in der Hand haltend, sitzen hungrige Jungen und Mädchen um den gemütlichen Küchentisch unseres „Zufluchtsorts" in Pawlowka herum und warten geduldig auf ein leckeres Mittagessen. Als dampfende Kartoffeln in den Raum getragen werden, tropfen plötzlich traurige Tränen auf den Teller von Tanja.

„Tante Luda, alle unsere Nachbarn fingen gleich in den ersten Frühlingstagen an, in ihren Gärten zu arbeiten. Jeder pflanzt Kartoffeln und Gemüse, nur wir nicht. Gestern Abend fragte Mutter meinen Vater, was wir denn im kommenden Winter essen sollen. Da bekam ich richtig Angst."

Viele Jahre zog Tanja geduldig mit ihren beiden kleinen Geschwistern bettelnd durch die Nachbarschaft, während ihre Eltern betrunken in der heruntergekommenen Hütte ihren Rausch ausschliefen. Erst als das Jugendamt drohte, ihnen die Kinder wegzunehmen und sie in Kinderheime zu stecken, wachten die Eltern auf. Sie begannen, ihr Leben radikal zu ändern.

„Vater findet ab und zu Arbeit in unserem Dorf, doch wir haben kein Geld, um Saatkartoffeln zu kaufen. Auf dem Weg zu unserem ‚Zufluchtsort' habe ich beobachtet, wie alle Nachbarn im Garten graben, säen und pflanzen. Ich bin so traurig, dass in diesem Jahr in unserem Garten nichts wachsen wird."

Vorsichtig rutscht Rusanna immer dichter an Tanja heran. Das kleine, lustige Roma-Mädchen ist gerade einmal sechs Jahre alt. Zusammen mit ihrem Bruder und ihren Eltern wohnt sie in einer dunklen Hütte, die von ihren alten Besitzern verlassen wurde, weil sie abbruchreif ist. Rusannas Eltern renovierten die Hütte notdürftig, doch es regnet noch immer durch das undichte Dach herein. Nach der Schneeschmelze war der muffige Vorratsraum, in dem sie ihre Kartoffeln aufbewahren, tagelang überflutet.

„Meine Mutter hat jeden Abend geweint, wenn sie aus verfaulten Kartoffeln Abendessen kochen musste." Mit viel Mitgefühl wendet sich Rusanna an Tanja.

„Wir konnten es kaum glauben, als uns Tante Luda letzte Woche drei Säcke Kartoffeln brachte. Wenn du Hunger hast, kannst du einfach zu uns kommen!"

Tief bewegt schließt Luda die kleine Rusanna in ihre Arme – ein Mädchen, das eigentlich mit Puppen spielen sollte, aber schon wie eine erwachsene Frau an jemand anderen denkt, der Angst vor Hunger hat.

„Wisst ihr was, ich habe eine Überraschung mitgebracht!" Neugierig schauen die beiden Mädchen Luda an, während sie sich auf den Weg zu ihrem Auto machen. Als sie einen großen Sack mit Saatkartoffeln in ihrem Kofferraum entdecken, klatschen die beiden vor Freude in die Hände und tanzen begeistert um das Fahrzeug herum. Tanja erzählt ganz aufgeregt, wo sie die Kartoffeln pflanzen wird und wie sie mit ihren Eltern und ihren beiden Geschwistern im Herbst neue Kartoffeln ernten können.

Jahrelang treffen sich unsere kleinen Freunde im Gartenhaus von Oma Maria, bis sie zu alt ist und zu ihrer Tochter in die Stadt zieht. Zu diesem Zeitpunkt kaufen wir ein eigenes Haus, unseren „Zufluchtsort" in Pawlowka.

24. Eine warme Suppe

Eiskalter, beißender Wind hält die „Vergessenen Dörfer" in seinem festen Griff. An der verwitterten Bushaltestelle in Odarjewka steht ein zitternder Junge. Die löchrigen Schuhe fallen ihm fast von den Füßen. Seine schmutzige Jacke kann schon lange nicht mehr mit dem Reißverschluss geschlossen werden. Verzweifelt versucht er sie mit einer Hand zusammenzuhalten, um sich vor der Kälte zu schützen. Die andere Hand streckt er mir bettelnd entgegen.

„Tante, bitte, gib mir etwas zu essen!" Die herzzerreißende Situation bringt Mascha Galagowetz ein wenig aus dem Tritt.

„Weißt du was, wenn du mitkommst, kann ich dir eine warme Suppe geben!" Ganz aufgeregt umklammert Denis ihre Hand, als sie sich gemeinsam auf den Weg machen. Seine Augen werden immer größer, als ihnen Wärme aus dem „Zufluchtsort" entgegenschlägt. Es dauert nicht lange, da hockt der Junge auch schon neben einem Heizkörper. Schüchtern beobachtet er, wie sich Kinder um einen Tisch setzen, wie Wera Kolomoetz einen riesigen Topf mit leckerer Suppe in den Essraum schleppt.

„Komm, Denis, es geht los!" Unsicher geht der Junge zu einem Stuhl, flüstert: „Tante Mascha, darf ich auch etwas essen?" Dann ist er auch schon nicht mehr zu halten, zu verführerisch duftet die Suppe. Wenig später starrt Denis ungläubig auf die Kartoffeln, den Salat, die heiße Fleischsoße. Die nächste Runde ist eingeläutet.

Ein Teller nach dem andern wird geleert. Mascha kann kaum glauben, was alles in seinen kleinen Magen passt. Erschöpft von der anstrengenden Mahlzeit lehnt er sich zurück, staunt, dass es sogar noch heißen Tee mit süßen Lebkuchen zum Nachtisch gibt.

Vor einem Jahr starb der Vater von Denis an einer Überdosis

Drogen. War sein Leben schon vorher unerträglich gewesen, so begann nun eine unvorstellbar furchtbare Zeit. Seine Mutter, eine Alkoholikerin, setzte alles aus ihrer ärmlichen Hütte in billigen Fusel um.

Die einzige Bezugsperson von Denis ist sein sechsjähriger Bruder. Abwechselnd zieht einer von beiden durch ihr Dorf, bettelt um ein wenig Brot, der andere sucht verzweifelt Brennholz für den bitterkalten Winter – zwei kleine Jungen, vier und sechs Jahre alt. Ihr Bett ist eine alte Strohmatratze, auf der sie sich nachts zusammenkuscheln, bis sie vor Erschöpfung in den Schlaf fallen.

Heute bereiten sich die Kinder im „Zufluchtsort" auf die Adventszeit und auf die Weihnachtsfeiern vor. Um sich ein wenig darauf einzustimmen, hat Mascha duftende Zimtsterne gebacken, stellt bunte Kerzen in den Raum. Zwischen zwei Weihnachtsliedern dreht sich Mascha zu Denis um.

„Ich habe gehört, dass man sich in der Weihnachtsnacht etwas wünschen darf. Was würdest du dir denn wünschen?" Verlegen schaut der Junge vor sich auf den Boden und denkt über Maschas Frage nach.

„Ich ... ich ... wünsche mir ... dass ... dass mein Bruder und ich jeden Tag genug Brot haben, um nicht hungern zu müssen ..." Nun schauen alle Jungen und Mädchen betroffen vor sich hin, denken an ihre eigene traumatische Situation.

Der Nachmittag geht zu Ende. Als sich Denis verabschiedet, reicht Mascha ihm eine Tüte mit belegten Broten.

„Denis, das ist für dich und deinen Bruder. Vielleicht kannst du ihn beim nächsten Mal mitbringen. Dann können wir gemeinsam die Adventszeit feiern und dann beten wir zusammen, dass dein Weihnachtswunsch in Erfüllung geht!"

25. Kleine Mütter

„Wisst ihr was, gestern hat meine Mama wieder einen Jungen geboren!" Tiefe Seufzer begleiten die sorgenvollen Worte der traurigen Mascha.

Vor dem „Zufluchtsort" in Odarjewka sitzen, wie an den meisten Nachmittagen, drei neunjährige Mädchen, jedes mit einem kleinen Kind auf dem Schoß. Angespannt sprechen sie, wie erwachsene Mütter, über schwere Lebensprobleme. Nervös zupft Mascha an ihrem Rock, lässt die anderen an ihren Sorgen teilhaben.

„Ich kann es kaum glauben, dass jetzt alles wieder von vorne anfängt. Nun muss ich noch früher aufstehen, Brennholz für den Winter sammeln, schmutzige Windeln waschen, Frühstück für meine Geschwister vorbereiten. Ich hatte so gehofft, dass unser Jüngster, Slawa, endlich aus dem Gröbsten raus ist. Aber nun fängt alles wieder von vorne an. Gestern haben wir die Geburt meines neuen Bruders gefeiert. Mein Stiefvater war wieder einmal sturzbetrunken. Dann ist er immer unerträglich." Vorsichtig hebt Mascha ihr T-Shirt, zeigt frische Wunden auf ihrem Rücken.

Oxana kommt aus ähnlichen Verhältnissen.

„Ich hab mich bereits daran gewöhnt, dass meine Mutter jedes Jahr schwanger wird. Ich bin froh, dass ich meine Geschwister habe. Ich koche und wasche gerne für sie. Mitten in der Nacht wache ich oft auf, decke sie liebevoll zu. Ein Leben ohne sie könnte ich mir überhaupt nicht vorstellen. Es könnte alles so schön sein, wenn Onkel Andrej nur mehr Verständnis für uns hätte."

Oxana schweigt von einem Augenblick auf den anderen, presst verbittert ihre Zähne zusammen. Ihr Stiefvater nimmt Oxanas

Mutter das Kindergeld weg, um es in Alkohol umzusetzen. Da bleibt für die sechs Geschwister kaum Geld für Brot und Milch.

Zwei rothaarige Geschwister kuscheln sich ganz dicht aneinander, lauschen den Geschichten ihrer Freunde. Sorgfältig versucht Lilia, einen Splitter aus dem Fuß ihrer Schwester zu entfernen.

„Meine Schwester Sofia hat gerade mal wieder keine Schuhe. Sie sind alle kaputt. Ständig läuft sie barfuß herum und hat Splitter im Fuß."

Schon lange versorgen diese kleinen „Mütter" ihre noch kleineren Geschwister. Gewissenhaft übernehmen sie Verantwortung, die ihre Eltern nie übernommen haben. Jeden Tag bitten sie Wera Kolomoetz um Kleidung, Schuhe oder Unterwäsche für „ihre Kinder". Oft sitzen die drei „Mütter" in unserem gemütlichen Garten, sprechen über Erziehungsprobleme – Themen, die sie verbinden.

In der Zwischenzeit fällt es Lilia, Mascha und Oxana nicht mehr so schwer, „ihre Kinder" zu erziehen. Jeden Tag bringen sie die Kleinen in unseren „Zufluchtsort", erfreuen sich daran, wenn sie spielen, Neues lernen und vor allem: genug essen!

Und wenn „ihre Kinder" versorgt sind, tauchen sie in eine ganz andere Welt ab. Erleichtert verlassen sie ihre Rollen als Mütter, dürfen eine Weile selbst Kinder sein, genießen unsere Liebe, Wärme und Aufmerksamkeit. In sich versunken sitzen sie mit Memory-Spielen, Bauklötzen und Puzzles in stillen Ecken, müssen für niemanden Verantwortung tragen. Diese wertvollen Augenblicke schenken ihnen Kraft für ihren schweren Alltag.

Und dann, am Ende des Nachmittags, nehmen sie „ihre Kinder" fröhlich an die Hand und machen sich auf den Heimweg.

26. Zwei Kühe für Familie Tschaban

Leise lässt die laue Nacht ihren müden Schleier auf Grigorowka fallen. Ausgebrannt vom täglichen Überlebenskampf sind die Menschen in diesem „Vergessenen Dorf" in ihren wohlverdienten Schlaf gefallen. Unbemerkt schleichen finstere Gestalten dicht an grauen Lehmhütten entlang durch die Dunkelheit. Vor dem kleinen Häuschen von Familie Tschaban bleiben sie wortlos stehen.

Wie an jedem Ferientag kommen die Geschwister Kolja und Oxana schon früh am Morgen schwer beladen mit frischem Gras nach Hause. War das ein Tag, an dem ihr Vater allen Mut zusammengenommen und mit einem hohen Kredit eine Kuh gekauft hat, die sie stolz „Schwalbe" genannt haben. Immer wieder hatten ihre Eltern zuvor die Kosten durchgerechnet, bis sie sich zu dem gewagten Schritt durchrangen.

Und es war ein weiterer Festtag, als „Schwalbe" ein Kälbchen zur Welt brachte, die kleine „Maja". Mit viel Liebe zogen sie Schwalbes Baby groß, denn es war die Zukunft ihrer Familie.

Als Kolja und Oxana nun in ihren Hof einbiegen, bietet sich ihnen ein dramatisches Bild. Ihre Mutter Oxana steht schluchzend vor der aufgebrochenen Tür des leeren Stalls. Der Vater sitzt verwirrt auf dem Boden. Regungslos starren sie fragend auf ihre Eltern, verstehen nicht gleich, was passiert ist. Doch sie ahnen bereits jetzt, dass der Verlust ihrer beiden Kühe in diesem „Vergessenen Dorf" für sie, eine Familie mit acht Kindern, einem Todesurteil gleichkommt.

Lustlos zuckt der Polizeibeamte mit den Schultern. „In der

Wirtschaftskrise werden ständig in unseren Dörfern Tiere gestohlen. Da kämpft halt jeder ums Überleben!"

Tage später finden Nachbarn die traurigen Überreste der beiden Kühe im Wald. Sie waren von den Dieben offenbar noch in der Tatnacht geschlachtet worden.

„Mutter, warum haben die Diebe *beide* Kühe gestohlen, warum haben sie uns nicht wenigstens *eine* gelassen?" Tränen fließen über das Gesicht des Jüngsten von Familie Tschaban, als sie am Abend ihre Sorgen im Gebet vor Gott bringen.

Eine Woche später erreicht folgender Brief unser Missionsbüro in Hüttenberg. Mutter Oxana Tschaban schreibt:

Liebe Freunde in Deutschland! Heute müssen wir Euch eine traurige Nachricht schreiben. Vor einer Woche hat man uns in einer Nacht beide Kühe aus dem Stall gestohlen. Ich kann es noch immer nicht fassen, wir stehen alle unter Schock. Manchmal gehe ich zum leeren Stall, hoffe, dass alles nur ein schlechter Traum war. Jeden Abend versammeln wir uns mit unserer Familie und beten dafür, dass Gott uns in unserer großen Not hilft …

Gleich am nächsten Tag berichten wir in unserem Gebetsbrief über die Tragödie. Schon bald kommt so viel Geld zusammen, dass wir eine neue Kuh für Familie Tschaban kaufen können. Schließlich erhalten wir einen zweiten Brief:

Liebe Freunde in Deutschland! Bis auf den heutigen Tag haben wir uns noch nicht vom Schock erholt, als uns in einer Nacht beide Kühe aus dem Stall gestohlen wurden. Als dann noch Nachbarn erzählten, dass die Diebe die Kühe in einem Wald geschlachtet haben, versanken wir in tiefe Depressionen. Dann kam plötzlich ein

*Telefonanruf aus dem Missionsbüro von „Brücke der Hoffnung"
in Krinitschki.*

*Freudig rief Peter Degtjar ins Telefon: „Mutter Oxana, macht
euch auf den Weg, sucht eine neue Kuh!" Ich war wie erstarrt.
„Eine neue Kuh, warum … Peter … was meinst du …"*

*Doch da sprudelte es auch schon aus ihm heraus: „Oxana, wir
haben über euer Unglück in unserem Gebetsbrief in Deutschland
geschrieben. Nun haben wir Geld für eine neue Kuh!"*

*Mit letzter Kraft versuchte ich mich auf den Beinen zu halten.
Hatte ich das Telefonat nur geträumt? Hatte Gott wirklich so
schnell unsere Gebete erhört? Und sind da wirklich Menschen in
Deutschland, in einem Land, so weit von unserer Ukraine entfernt, die uns helfen wollen? Unter Tränen bin ich erst einmal auf
meine Knie gegangen und habe Gott gedankt.*

*Unsere lieben Freunde in Deutschland, wir kennen Euch nicht
persönlich. Ich weiß überhaupt nicht, was ich sagen oder wie ich
Euch danken soll. Wir können nur dafür beten, dass Gott Euch
tausendfach dafür belohnt!*

*Nun kann ich Euch eine frohe Botschaft schreiben. Wir haben eine
gute Kuh gefunden. Sie heißt „Luta". Wir haben sie bereits heute
Morgen abgeholt. Unsere Kinder waren ganz aufgeregt. Sie freuen
sich schon alle auf die Milch unserer lieben „Luta".*

*Gestern Abend haben wir mit unseren Kindern zusammengesessen
und Gott für dieses Wunder gedankt. Gemeinsam haben wir aber
auch einen Entschluss gefasst. In Zukunft werden wir einen Teil
der Milch an Familien weitergeben, denen es noch schlechter geht
als uns.*

*Danke für Eure große Liebe und das wunderbare Geschenk. Möge
Gott Euch dafür segnen!*

Eure dankbare Familie Tschaban

Familie Tschaban hatte gerade ihre neue Kuh gekauft, da rief uns jemand aus Berlin an, tief bewegt von unserem Gebetsbrief, und wollte uns Geld für eine neue Kuh schicken. Als wir erklärten, dass wir bereits eine Kuh gekauft haben, fragte der Anrufer: „Aber wurden Familie Tschaban nicht *zwei* Kühe gestohlen?" So erhielt Familie Tschaban noch eine zweite Kuh.

Wenige Tage zuvor hatte noch der Jüngste der Familie gefragt: „Mutter, warum haben die Diebe *beide* Kühe gestohlen, warum haben sie uns nicht wenigstens *eine* gelassen?" Nun hatte er eine Gebetserhörung miterlebt, die ihn durch sein ganzes Leben begleiten wird.

Häftlinge im russischen Jugendgefängnis
mit Burkhard Rudat

Gefängnisgottesdienst

Pawel
Grigoriewitsch
mit
Burkhard
Rudat

Zwei
Männer,
die auf der
Müllhalde
leben

Benefiz-
fußballspiel
SV Werder
Bremen gegen
Rosenborg
Trondheim

Sascha mit seiner kranken Mutter

Familie Degtjar mit Pflegekind Luba (links oben)

Sergei während seines Aufenthaltes im
Rehabilitationszentrum in Odarjewka

Anton im „Familienkinderheim"

Die kleine Oxana in ihrer Zeit als Straßenkind

Eröffnung des neuen „Familienkinderheimes"

Taia mit dem Brief ihrer Mutter

Ankunft eines LKWs mit Hilfsgütern

Saatkartoffeln für Familie Krikunenko

Familie Tschaban mit ihrer Kuh

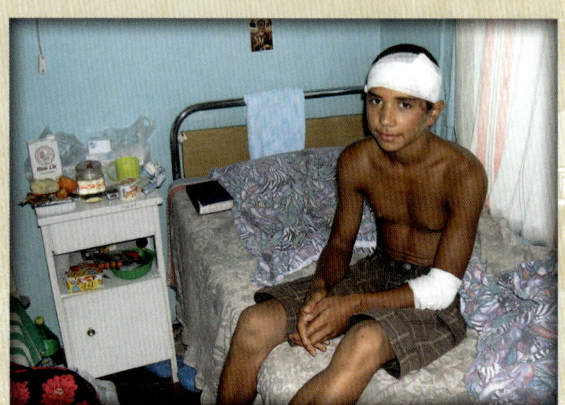

Marik nach seinem Sturz vom Dach

Vor „Villa Sonnenschein"

Kinder beim
Wasserholen in
Schorsk

Lena Grabenko
mit den
ersten drei
Bewohnerinnen
in „Villa
Regenbogen"

Winter-
vergnügen im
„Zufluchtsort"
in Schorsk

Lehrlinge der Lehrwerkstatt für Jungen mit ihrem Lehrer Oleg Kurbatow (4. von links)

Lehrwerkstatt für Mädchen mit ihrer Lehrerin Lena Grabenko (rechts)

Die glücklichen Mitarbeiterinnen und Mädchen mit den gespendeten Nähmaschinen

Sommerlager am Dnepr-Fluss

Gestürzte Lenin-Statue in Swetlowodsk

Der Maidan in Kiew brennt

Nina Kulikowski und ihre Kinder bauen sich nach dem Brand ihres Heimes ein neues Zuhause auf

Dima Petrow, der Leiter von „Brücke der Hoffnung" in Swetlowodsk

Kinder in einem der „Vergessenen Dörfer"

Seilhüpfen vor dem „Tageskinderheim am See"

Junge mit Päckchen der Aktion
„Mein erstes Geschenk"

Das schmeckt, das Brot in der
„Suppenküche"!

Familie Rudat

27. Roma-Schule

Vorsichtig zieht Marik seine schmutzigen Stiefel aus. Vor Müdigkeit fallen ihm fast die Augen zu. Bevor er einschläft, schaut er sich noch einmal misstrauisch im trostlosen Zimmer um. Erst als er sich völlig sicher fühlt, holt er seine Schätze unter dem rostigen Bett hervor.

Jeden Abend stellt er sicher, dass niemand seine Plastiktüte angetastet hat. Bunte Postkarten, eine Kette aus glitzernden Glasperlen, Fotos und andere Dinge, die ihn an unbeschwerte Stunden in „Villa Sonnenschein" erinnern.

Sorgfältig putzt Marik seine zitternden Hände am T-Shirt ab, bevor er alles noch einmal genau betrachtet. Bei jedem Erinnerungsstück läuft ein kurzer Film vor ihm ab. Ein Lächeln huscht über sein müdes Gesicht.

„Meine erste Handarbeitsstunde in „Villa Sonnenschein" … diese Postkarte lag im Geschenkkarton, den ich zum Geburtstag aus Deutschland bekommen habe … und hier mein erstes Sommerlager …" All die wunderbaren Erinnerungen lassen die graue Lehmhütte in hoffnungsvollem Licht erstrahlen.

Vor zwei Jahren entdeckt Marik zum ersten Mal „Villa Sonnenschein". Schüchtern beobachtet er ausgelassene Jungen und Mädchen durch einen Spalt im Zaun, bevor er all seinen Mut zusammennimmt und vorsichtig das mysteriöse Haus betritt. Seit diesem Tag wird sein Leben fröhlicher, heller. Diese Helligkeit vertreibt Einsamkeit und Hoffnungslosigkeit aus seinem Leben.

Immer um die Mittagszeit ist Marik nicht mehr zu halten, dann steht „Villa Sonnenschein" auf seinem Programm. Hier lernte er mit Werkzeugen zu arbeiten, duschte zum ersten Mal in seinem

Leben, feierte seinen ersten Geburtstag mit richtigen Geschenken aus Deutschland.

Seine Mutter schleppt sich jeden Tag durch Swetlowodsk, um Geld für ihre Familie zu verdienen. Oft sieht man seine Geschwister bettelnd durch die Straßen ziehen. Seinen Vater interessiert das überhaupt nicht. Die meiste Zeit liegt er betrunken in der Hütte oder lässt seine beängstigenden Aggressionen an seiner Familie aus. Dann fliegen Stühle und Tische. Wen interessieren schon die Leiden, die Tränen seiner Kinder? So wird unsere „Villa Sonnenschein" für Marik ein neues Zuhause.

Sorgfältig legt Marik seine wertvollen Schätze in die Plastiktüte zurück, verwahrt sie vorsichtig unter seinem Bett. Im nächsten Augenblick schläft er ein. Dabei ist er wie jede Nacht ständig unterbewusst bereit, zu reagieren, besonders auf seinen Vater.

Mitten in der Nacht werden alle von lauten Schreien aus dem Schlaf gerissen. Betrunken torkelt sein Vater durch die Hütte, eine Axt in der Hand. Benommen sitzt Marik auf seinem Bett, sieht noch, wie die Mutter durch die Haustür ins Dunkel der Nacht flüchtet. Blitzschnell greift er die Tüte mit seinen Schätzen, stürzt hinterher. Er läuft und läuft und läuft durch die kalte Nacht, spürt nicht, dass er keine Schuhe und Strümpfe trägt, an einer Hand seine kleine Schwester, in der anderen seine Plastiktüte mit all den guten Erinnerungen, die ihm niemand nehmen kann.

Schmutz, beißender Gestank, feuchte, finstere Lehmhütten und bittere Armut bestimmen das Leben der Roma in der Ukraine, die oft mit mehr als zehn Personen auf engstem Raum wohnen. Da viele von ihnen den Großteil des Tages betrunken sind, kümmert sich kaum jemand um die Bildung der Kinder. Wen interessiert das schon? Doch wie soll man eine Arbeitsstelle finden, wenn man weder lesen noch schreiben kann?

Als Missionswerk versuchen wir, diesen Kreislauf zu durchbrechen, weil immer mehr Roma-Kinder in unsere Häuser kommen, von denen die meisten nur selten eine Schule besuchen.

Im „Spatzennest" bereiten wir Vorschulkinder auf die Schule vor. Doch wer hilft den älteren Roma-Kindern, die weder schreiben noch lesen können? Ein solches Kind kann in seinen Schulbüchern nur Bilder anschauen. All das bewegt uns dazu, mit den ersten sieben Kindern eine „Roma-Schule" in „Villa Sonnenschein" zu gründen.

Als Marik das zum ersten Mal hört, begreift er sofort: „Für mich ist eure „Roma-Schule" meine letzte Chance, die ich nicht verpassen will!" Und damit spricht er auch für die anderen.

Erwartungsvoll sitzen unsere Schüler um einen großen Tisch. Sorgfältig malen sie erste Buchstaben in ihr Heft. Marik schreibt stolz seine ersten Worte an die Tafel. Endlich ist ihr Wunsch greifbar nahe, schreiben und lesen zu lernen. Und vielleicht werden sie durch ihr neues Wissen später sogar eine Arbeitsstelle finden.

28. Gott hat mein Leben gerettet!

Ein markerschütternder Schrei schallt über das Gelände. Wie gelähmt starren Arbeiter aus den Fenstern. Dann atemlose Stille, bis einer seine Fassung wiedergewinnt.

„Da … das war … Marik! … Marik ist vom Dach gestürzt …"

Donnernd knallen schwere Mauerteile in die Baugrube. Dichter Staub wirbelt umher, erschwert die Sicht.

Seit Tagen schuftet Marik mit seiner Mutter in dem alten Haus, das abgerissen werden soll. Blutende Hände, schmerzende Muskeln – die Arbeit übersteigt ihre Kräfte, doch Roma müssen jeden schmutzigen und schweren Job annehmen, den sie bekommen können.

Stunde um Stunde schleppt Marik Steine, schwere Eimer, Eisenträger auf dem Dach über dem dritten Stockwerk, bis ihn für einen Augenblick die Kräfte verlassen. Er wankt, stolpert, versucht sich festzuhalten, sieht vor sich nur noch den tiefen Abgrund.

Das ist das Ende! Ein lautloser Schrei tönt in seinem Herzen: „Gott … hilf mir …" Dann folgt der dumpfe Aufprall.

Benommen hastet Mariks Mutter in die Baugrube, verfolgt nur schemenhaft, wie Männer ihren Jungen vorsichtig vom Bauschutt heben.

„Ach, erzählen Sie mir doch keine Märchen, gute Frau … dass ihr Junge aus dem dritten Stockwerk gefallen ist …" Nur schwach dringen die Worte in Mariks Bewusstsein.

„Er hat sich doch noch nicht einmal einen Knochen gebrochen … bis auf Prellungen und eine Gehirnerschütterung können wir nichts feststellen …"

„Gott hat seine Hand über meinen Sohn gehalten …" Fast unhörbar flüstert Mariks Mutter diese Worte immer wieder vor sich hin.

Blass, aber mit einem Lächeln auf dem Gesicht liegt Marik in seinem Krankenhausbett, neben ihm seine Bibel.

„Gott hat mein Leben gerettet!" Dieses Zeugnis hören nun all seine Verwandten – Roma, die ihn verspottet haben, als Marik zum ersten Mal zur „Villa Sonnenschein" ging, als er in unsere „Roma-Schule" aufgenommen wurde, als er Jesus Christus in sein Herz aufnahm und wenig später getauft wurde.

Wir sind gespannt, was Gott noch mit Mariks Leben vorhat.

29. Schmeckt das lecker!

Heimlich schleicht Oleg in unsere Küche, betrachtet den riesigen Suppentopf neugierig von allen Seiten. Es duftet verführerisch nach Gemüsesuppe. Heute ist ein ganz besonderer Tag, denn heute wird die „Suppenküche" in „Villa Sonnenschein" festlich eröffnet.

Oleg hat seinen Vater nie kennengelernt. Seine Mutter ist Alkoholikerin. So muss sich der Junge jeden Tag selbst etwas zu essen suchen. Er steht in einem erbarmungslosen Überlebenskampf in einer Umgebung, in der viele Menschen in Armut versinken.

Der Vater von Nikita sitzt schon lange im Gefängnis. Täglich prasselt der Spott seiner Schulkameraden auf ihn herab. Seine Mutter versucht, ihre Sorgen in Wodka zu ertränken. Wenn Nikita abends hungrig nach Hause kommt, liegt sie meistens betrunken in der Ecke.

All den anderen Kindern, die nun regelmäßig in unsere „Suppenküche" kommen, geht es nicht besser. Jedes von ihnen versucht, irgendwie in seiner traumatischen Umgebung zu überleben.

Oxana Lebed hat die „Kleinen Hausfrauen" eingeladen, eine Gruppe von Mädchen, die bei uns viele Aufgaben einer Hausfrau lernen. Eifrig bereiten sie leckere Butterbrote vor, servieren stolz das Mittagessen.

Erwartungsvoll sitzen unsere Großen auf den Plätzen, die sonst für die „Spatzen" reserviert sind. Dann geht es nach einem ergreifenden Dankgebet, das einer unserer Gäste spricht, los. Wie im Takt klopfen die Löffel auf die Teller. Da wird geschlürft, geschmatzt und immer wieder hört man Lob wie: „Schmeckt das lecker ... so gut habe ich schon lange nicht mehr gegessen ... ich könnte zehn Teller Suppe verschlingen ..."

Eine Brotplatte nach der nächsten leert sich in Windeseile. Brote verschwinden heimlich in Hosentaschen. Wer weiß, wann es wieder etwas zu essen gibt? Da muss man schon mal vorsorgen.

„Schaut mal in eure Suppe hinein – da sind so viele unterschiedliche Dinge drin: Kartoffeln, Karotten, Zwiebeln, Reis, sogar Fleisch!" Ganz aufgeregt versucht die Tafelrunde zu verstehen, woraus man eine Gemüsesuppe macht.

„Eine so leckere Suppe habe ich noch nie gegessen!", ruft Oleg mit vollem Mund. „Danke! Danke! Danke!" In ihrem begrenzten Wortschatz finden sie oft nicht die richtigen Worte, um ihre überschwänglichen Gefühle auszudrücken.

Zum Nachtisch gibt es heißen Tee und Kekse. Nach dem Essen kommt Wanja auf Oxana Lebed zugestürmt, drückt sie fest an sich. Seit langer Zeit hat er sich wieder einmal satt essen können.

Tief bewegt schaut Oxana in die Gesichter unserer kleinen Gäste, die schon mit zehn Jahren vom Leben gezeichnet sind – Jungen und Mädchen, die oft keine richtige Kindheit erlebt haben. Wie sieht ihre Zukunft aus? Was wird einmal aus ihnen werden?

Oxana trifft in solchen Augenblicken immer wieder neu eine Entscheidung: Sie will all ihre Kraft einsetzen, um diesen Kindern Liebe und Wärme zu schenken, um ihr Leben in die richtige Richtung zu lenken.

30. Wie in Bilderbüchern

Winter 2011. Mit weit aufgerissenen Augen starrt Alessia ihren Vater an. Ihr Herz rast, die schrecklichen Worte dröhnen in ihrem Kopf: „Hau ab … geh zu deiner Mutter … ich bin sowieso nicht dein Vater …"

Immer wieder schwirren diese grausamen Sätze durch ihren Kopf: „Hau ab … ich bin nicht dein Vater … hau ab … ich bin nicht dein Vater …"

Seit sich ihre Eltern scheiden ließen, liegen tragische Irrfahrten hinter Alessia. Zusammen mit ihrer Mutter übernachtete sie in kalten Lagerhallen. Immer wieder vergnügte sich ihre Mutter mit neuen Liebhabern, die ebenso wie sie Alkoholiker waren. Irgendwann hielt Alessia es nicht mehr aus.

Alessia hasst ihre Mutter. Seit wenigen Wochen weiß sie nun noch, dass der Mann, den sie als ihren Vater angesehen hat, nicht ihr Vater ist. Sie ist ein Mädchen, das von einem traumatischen Erlebnis zum nächsten wankt. Ihre einzige Sehnsucht ist es, zu überleben, nicht mehr nachdenken zu müssen, einen kleinen Platz in dieser Welt zu finden, der ihr gehört.

Lange steht Alessia vor ihrer ärmlichen Hütte, beobachtet durch schmutzige Fenster hindurch, wie der Mann, der bis vor Kurzem ihr Vater war, seinen Fusel zu Ende trinkt und dann schnarchend in den Schlaf sinkt. Für Alessia ist es das kleinere Übel, bei diesem Mann zu wohnen anstatt bei ihrer Mutter. Leise huscht sie in ihr Zimmer, zieht eine schmutzige Decke über ihren Kopf.

„Vielleicht wird er sich beruhigen, wenn ich ihm aus dem Weg gehe. Dann kann ich weiter hier wohnen."

Das Schicksal von Alessia steht für die traumatisierenden Erlebnisse vieler Jungen und Mädchen, die wir in der Ukraine betreuen. Es sind Kinder, die kein Zuhause haben, die niemand will. Wir werden aber auch mit der Notsituation von Müttern konfrontiert, die von ihren betrunkenen Männern misshandelt werden, die unter Lebensgefahr mitten in der Nacht ihr Haus verlassen und oft mit ihren Kindern auf der Straße schlafen müssen. So wächst in uns der Wunsch, für diese Notfälle ein Haus zu kaufen, eine „Villa Regenbogen".

Aber wie sollen wir das richtige Haus finden? Wer wird ein solches Projekt finanzieren? Und wer wird die liebevolle Hausmutter sein? Fragen über Fragen, die uns beschäftigen. Doch plötzlich bringt eine Mitarbeiterin neuen Schwung in das Projekt.

„Meine Mutter will ihr Haus verkaufen. Sie hat gerade das Dach neu decken lassen. Kunststofffenster mit Isolierglas sind auch schon eingebaut. Zu Fuß liegt ihr Haus keine zehn Minuten von ‚Villa am See' entfernt. Ich denke, zugunsten unserer Kinderarbeit würde sie ihr Haus sicher billiger verkaufen!"

Am nächsten Tag spricht uns Lena Grabenko an, die seit Anfang des Jahres im „Tageskinderheim am See" mitarbeitet.

„Ich habe zwei Träume. Ich wünsche mir viele Kinder, habe aber leider nur einen Sohn. Und ich wollte immer in einem privaten Haus leben, wohne nun aber in einem Hochhaus." Beide Träume können wir Lena erfüllen. Lena wird Hausmutter in „Villa Regenbogen".

Wenn Gott etwas in Bewegung setzt, kann es niemand aufhalten. Das Gebäude wird gekauft und renoviert. Uns werden unglaublich schöne Möbel aus dem Schwarzwald geschenkt. Wir tapezieren, verlegen Fußböden, hängen Vorhänge auf und schließlich ist es so weit: Unsere „Villa Regenbogen" öffnet ihre Tore. Alessia wird der erste Gast.

„So etwas Schönes habe ich nur in Bilderbüchern gesehen!" Verträumt liegt Alessia auf ihrem Bett, kuschelt sich in ihr Kopfkissen. Vor gar nicht langer Zeit irrte sie noch durch finstere Straßen unserer Stadt, auf der Suche nach Übernachtungsmöglichkeiten.

Es folgt Anna. Ihre Mutter ist der Erziehung ihrer Tochter nicht mehr gewachsen.

Wenig später kommt die Großmutter von Natascha und fragt, ob ihre Enkelin auch noch bei uns einziehen kann. Natascha wohnt mit ihren Großeltern in einer heruntergekommenen Lehmhütte. Ihr Großvater ist Alkoholiker und lädt oft seine Freunde zu Saufgelagen ein. Wie soll sich das Mädchen am nächsten Morgen in der Schule auf den Unterricht konzentrieren?

Eintönig hämmern Regentropfen gegen die Fenster, als es zaghaft an die Tür unserer gerade bezogenen „Villa Regenbogen" klopft. Draußen stehen Nonna und Diana in Nachthemden und Hausschuhen, vom Regen total durchnässt.

Zuerst stottern sie unverständliche Worte, doch dann erzählen sie aufgelöst: „Tante … Tante Lena, dürfen … dürfen wir heute in Villa Regenbogen übernachten … unser Vater hat unsere Mutter mit einem Messer angegriffen, hat sie verwundet … unsere älteren Brüder wollten sie verteidigen … wir haben geschrien, geweint, haben die Beine unseres Vaters umklammert … dann hat er uns aus unserer Hütte geworfen … wir wissen nicht, was wir machen sollen … dürfen wir bei dir übernachten …"

Wenige Augenblicke später stehen die beiden Mädchen unter einer warmen Dusche, dann stecken sie auch schon in trockenen Schlafanzügen und stürzen sich ausgehungert auf ein leckeres Abendessen. Alessia, Natascha und Anna, die in unserer „Villa

Regenbogen" wohnen, bedienen bereitwillig die unerwarteten Gäste.

Langsam hört es auf zu regnen. Die Mädchen schlafen entspannt in ihren Betten, halten Teddybären fest in ihren Armen. Tief bewegt steht Lena in ihren Zimmern, schaut auf die friedlichen Gesichter und dankt Gott für das wunderschöne Haus, das ein neues Zuhause für viele unglückliche Kinder werden soll – Kinder, denen wir trotz einer traumatischen Vergangenheit eine hoffnungsvolle Zukunft schenken möchten.

31. Vergessene Kinder in Schorsk

Sommer 2013. „Was ... was macht ihr denn in unserem Garten ... halt ... stopp ... lauft doch nicht einfach weg ...“

Verwirrt hastet Mascha Galagowetz drei Jungen hinterher, die um ihr Leben rennen. Einer hat ein kleines Kind mit schmutzigen Laken auf seinen Rücken gebunden.

Am nächsten Tag fällt Mascha ein seltsames Gebäude am anderen Ende ihres Dorfes auf, eine Mischung aus Zelt und Hütte, aus Ästen und Zweigen.

Durch trockene Blätter hindurch hustet eine heisere Stimme: „Diesmal habt ihr viele Beeren mitgebracht. Wenn ich sie mit Äpfeln mische, gibt es leckeren Nachtisch!“ Plötzlich schreit ein Baby wie am Spieß.

Auf Zehenspitzen schleicht Mascha um das eigenartige Bauwerk. Ein schlaksiger Junge mit verfilztem Haar presst dem Baby einen dreckigen Schnuller in den Mund. Dürre Gestalten in zerrissener Kleidung schlürfen undefinierbare Suppe aus kleinen Plastikgefäßen. Mitten in der bizarren Umgebung erkennt Mascha die drei Jungen aus ihrem Garten wieder.

Nachdenklich versucht sie auf dem Heimweg, das Erlebte einzuordnen. Was sind das für Kinder? Und wo sind ihre Eltern?

„Mutter ... Mutter ... da ... da steht jemand vor unserem Gartentor und starrt schon lange auf ... auf unser Haus ...“ Nervös tritt Maschas Tochter von einem Fuß auf den anderen. Draußen wartet ein zerlumpter Junge. Er hat Löcher in der Hose, rostige Drähte halten seine kaputten Schuhe zusammen und in seiner Hand trägt er eine alte Plastiktüte.

„Tante, kannst du mir getrockneten Fisch abkaufen? Der ist ganz frisch. Ich hab ihn selbst gefangen!" Wenig später sitzt der Junge in Maschas warmer Küche bei heißem Kakao und frischem Kuchen und beantwortet all ihre Fragen, die sie nicht zur Ruhe kommen lassen.

Kyrill ist zwölf Jahre alt. Vor einem Jahr zog er mit seiner Familie nach Schorsk. Seine Mutter lebt mit zwei Männern und fünf Kindern in einer halbzerfallenen Hütte. Alkohol, Orgien, Brutalität bestimmen ihren Alltag. Verzweifelt entflieht der Junge seinem furchtbaren Zuhause. Den ganzen Sommer über geht er mit seinem Bruder zum Fischen und verkauft dann den selbst getrockneten Fisch, um sich Brot leisten zu können.

„Wir haben sogar gelernt, Hasen mit Fallen zu fangen!" Kyrill strahlt stolz übers ganze Gesicht. Und dann erzählt er von anderen Kindern, die sich, genauso wie Kyrill und seine Geschwister, notdürftige Hütten bauen, um ihrem Schicksal zu entrinnen.

In den kommenden Nächten wird Mascha immer wieder aus dem Schlaf gerissen. Gedanken lassen sie nicht zur Ruhe kommen: „Wie kann ich diesen Kindern helfen?" Ihre Gebete drehen sich nur noch um ein Thema: „Wo kann ich einen Platz für diese ‚Vergessenen Kinder in Schorsk' finden, wo sie etwas zu essen bekommen, an dem ich ihnen biblische Geschichten erzählen, ihnen neue Hoffnung schenken kann?"

Wenige Tage später klopft es an Maschas Tür. Draußen steht ein Mann aus ihrer Gemeinde, fragt, ob sie im Winter sein kleines Gartenhaus nutzen will, vielleicht für die Lagerung von Hilfsgütern.

Mascha kann es kaum glauben, wie schnell Gott ihre Gebete erhört hat, denn nun haben wir zumindest für den nächsten Winter einen Versammlungsraum. Und ein Jahr später schon können wir ein Haus für unsere „Vergessenen Kinder in Schorsk" kaufen.

32. Weihnachtsgirlanden

Düstere Erinnerungen an eine verlorene Kindheit steigen in Kyrill beim Anblick der Weihnachtsgirlanden in unserem Haus in Schorsk auf.

Betrunkene lallen unverständliche Worte durch den verrauchten, finsteren Raum. Leere Fischkonserven liegen auf einem schmutzigen Tisch. Unerträglicher Gestank. „Zu einem Neujahrsfest bastelten mein Bruder und ich aus alten Schulheften Girlanden, um unsere Hütte ein wenig festlich zu schmücken, wie reichere Familien in den Städten. Doch dann kam Mutter total betrunken mit einem unbekannten Mann nach Hause, riss die Girlanden herunter und sperrte uns die ganze Silvesternacht in unseren kalten Stall, um ihre Ruhe mit dem Mann zu haben."

Bunte Dekoration, leise Weihnachtsmusik, warmes Mittagessen: „Herzlich willkommen zum 1. Advent bei unseren ‚Vergessenen Kindern in Schorsk!'"

Alle unsere Gäste haben etwas gemeinsam – sie kommen aus Armut und Hunger, aus Familien, in denen der Alkohol regiert. Noch ein Weiteres verbindet sie, nämlich ihre Sehnsucht nach Liebe und Wärme.

Trotz beißender Kälte stecken einige Füße ohne Strümpfe in kaputten Schuhen. Da wird erst einmal am warmen Ofen gekuschelt. Doch wie soll Mascha die Herzen ihrer neuen Freunde wärmen?

Heißhungrig stürzen sie sich auf das Essen. Gespannt lauschen sie im Kreis auf die Geschichte von einem Engel, der Maria den Retter der Welt verheißt. Verständnislos starren die Jungen und

Mädchen Mascha an. Wer ist Maria, wer Jesus, was ist ein Engel und was ist Weihnachten?

Ein brummender Chor rauer Stimmen lernt ein erstes Weihnachtslied. Mitten in dem seltsamen Chor steht Kyrill, strahlt über sein ganzes Gesicht.

Am Abend kniet Mascha vor ihrem Bett, bringt Gott ihre Hoffnungen, ihre Erwartungen, ihre Träume, aber auch ihre Unsicherheit.

Plötzlich erfüllt tiefe Freude ihr Herz, denn sie spürt, dass Gott ihre Begrenzungen und die Sehnsüchte ihrer kleinen Gäste kennt und ihr Mut zuspricht: „Hab keine Angst, ich selbst werde in das Leben dieser ‚Vergessenen Kinder in Schorsk‘ eingreifen."

33. Ein hoffnungsvolles Fundament

Frühjahr 2012. „Schuhmacher, Schreiner, Elektriker, Arbeiter für Kolonnen, die Wohnungen und Häuser renovieren – all das werden wir in unserer Lehrwerkstatt unterrichten …"

Mit offenem Mund starren unsere Jungen ungläubig Oleg Kurbatow an, der unsere „Lehrwerkstatt" leitet. Einige von ihnen wagen kaum noch zu atmen.

„Wir hoffen, dass euch die Ausbildung hilft, eines Tages eine Arbeitsstelle zu finden …"

Obwohl die Jungen noch zur Schule gehen, verstehen sie schon jetzt, dass es für sie eigentlich fast unmöglich ist, einmal einen Ausbildungsplatz oder eine Arbeitsstelle zu finden.

Fast jeden Tag, ob es regnet oder schneit, schleppt sich Rustam mit seinem Vater auf die Müllhalde am Rand von Swetlowodsk. Er gräbt unermüdlich tiefe Schächte in stinkende Abfälle, um Metallteile zu finden, die dort in der kommunistischen Zeit entsorgt wurden, als die Ukraine vom großen Bruder Russland noch genug Bodenschätze erhielt.

Den Ärger seiner Lehrer und das Gespött der Schulkameraden muss er ertragen, wenn er deswegen wochenlang nicht zur Schule gehen kann und wieder einmal keinen Anschluss im Unterricht findet. Rustam hat schon lange erkannt, dass die Müllhalde der einzige Platz ist, der seine Familie ernährt.

Jarmasch zieht, seit er sich erinnern kann, mit seiner kranken Großmutter bettelnd durch die Stadt.

Marik wacht bereits morgens mit dem schrecklichen Gedanken auf: „Wo finde ich heute Brot für mich und meine Familie?"

Dieses schwere Erbe wird von einer Roma-Generation zur nächsten weitergegeben. Abgestempelt als Verlierer geht man nicht zur Schule, lernt nicht schreiben und lesen, landet schließlich auf der Müllhalde.

Armut und Hoffnungslosigkeit zerstören nicht nur das Leben derer, die im Alkohol enden, sondern auch das Leben der Eltern, die sich liebevoll um ihre Kinder kümmern möchten.

Ein erster Schritt in die richtige Richtung ist unsere „Roma-Schule". Hier wächst der Wunsch in unseren Schülern, nicht nur lesen und schreiben zu lernen, sondern auch etwas aus ihrem Leben zu machen.

„In unserer Lehrwerkstatt werdet ihr verschiedene Werkstoffe und Werkzeuge kennenlernen. Ihr werdet Fähigkeiten erwerben, die euch helfen werden, eine Arbeitsstelle zu finden …" Einen Augenblick herrscht Stille, dann wird Oleg mit aufgeregten Fragen überhäuft.

„Wann wird die Lehrwerkstatt denn eröffnet?"

„Was ist, wenn ich nicht gut genug bin?"

„Oleg, ich wollte schon immer Elektriker werden! Kann ich mich schon in eine Liste eintragen?"

„Wir sollten den Bauarbeitern helfen! Dann wird die Lehrwerkstatt schneller fertig!"

„Nein, wir würden doch nur im Weg stehen. Wir müssen erst einmal etwas lernen, bevor wir helfen können!"

Selbst wenn momentan gerade erst einmal das Fundament für unsere Lehrwerkstatt gelegt wird, können sich unsere Jungen bereits lebhaft vorstellen, wie sie später aussehen wird.

Doch ihre Gedanken wandern nicht nur hin zur Lehrwerkstatt, sie beschäftigen sich mehr und mehr mit der Hoffnung, nicht wie ihre Eltern als Abschaum der Gesellschaft auf der stinkenden Müllhalde ums Überleben kämpfen zu müssen.

Wenige Augenblicke später stehen die Jungen gespannt vor dem Bauplatz und verstehen: Das ist nicht nur das Fundament für ihre Lehrwerkstatt, es ist das hoffnungsvolle Fundament für ihre Zukunft.

34. Erfolgsgefühle

Staunend betrachten Nachbarn das moderne Haus von allen Seiten, sind tief bewegt, wenn unsere Jugendlichen stolz von ihrer „Lehrwerkstatt" erzählen, in der sie auf ihre berufliche Zukunft vorbereitet werden. Auf einem Platz, auf dem Obstbäume blühten, steht nun ein beeindruckendes Gebäude.

Einen halben Tag lang hat Lena Kotljar in unserer „Suppenküche" gekocht, hat Kohl gebraten, Teig zu Taschen geformt. Nun greifen hungrige Kinderhände nach leckeren Kohltaschen von einem riesigen Tablett.

Jahrelang suchte Lena verzweifelt nach einem Job, doch mit ihrer körperlichen Schwäche und ihren Augenproblemen wollte sie niemand anstellen. Schwere Depressionen raubten ihr die letzte Kraft, wenn ihr in schlaflosen Nächten ihre tragische Ausweglosigkeit vor Augen stand.

Dann trat von einem Augenblick auf den anderen ein rettender Engel in ihr trostloses Leben. Eine Missionsfreundin aus Deutschland hörte von Lenas Schicksal, finanziert seitdem ihre Anstellung in „Villa Sonnenschein".

Der Motor unserer „Lehrwerkstatt" brummt seit einigen Monaten. Hämmer klopfen, Bohrmaschinen surren, feines Sägemehl wirbelt durch die Luft.

Tief bewegt beobachtet Lena durch das Fenster einen schmächtigen Jungen, der sorgfältig etwas aus einem Stück Holz schneidet. Stolz wischt sie sich Freudentränen aus dem Gesicht. „Mein Sohn, mein Kyrill, meine Hoffnung!"

Lena muss ihre beiden Söhne alleine großziehen. Seit Kyrill

in unserer „Lehrwerkstatt" lernt, hat sie endlich einen Mann im Haus, der hilft, ihre schweren Lasten zu tragen.

Sein jüngerer Bruder Kostja besucht unseren „Superman Club", eine Gruppe von Jungen, die noch zu klein für die „Lehrwerkstatt" sind, es aber nicht abwarten können, handwerkliche Fähigkeiten zu erlernen. Jeden Abend träumen die beiden davon, später einmal Wohnungen in Swetlowodsk zu renovieren, um Geld für ihre Familie zu verdienen.

Die Jungen haben in der Zwischenzeit das erste Lehrjahr hinter sich gebracht. Sie installierten Schränke, bauten Tische und andere Möbel und werden oft eingeladen, etwas zu reparieren. Das bringt Erfolgsgefühle mit sich.

In den Ferien machen die Jungen jeweils in verschiedenen Arbeitskolonnen ihre Praktika, verdienen bereits ihr erstes Geld. Das gibt ihnen natürlich einen großen Motivationsschub.

„Was sind das denn für Jungen? Die tragen ja alle dieselbe Arbeitskleidung und schleppen schwere Maschinen ins Haus!" Ganz aufgeregt beobachten einige Großmütter, die draußen auf einer Bank sitzen, wie Jungen aus unserer „Lehrwerkstatt" zu ihrer Baustelle laufen. Wenjamin, der Leiter unseres Alphakurses, will seine Wohnung renovieren und hat sich dazu die Jungen aus unserer „Lehrwerkstatt" eingeladen. Sie sind vielleicht nicht so qualifiziert, aber ihr Enthusiasmus gleicht das wieder aus.

In den kommenden Tagen befestigen sie Rigipsplatten, spachteln, verlegen Stromkabel und isolieren Fenster. Das sind natürlich unbeschreibliche Erfolgserlebnisse. Und als sie dann noch einen kleinen Lohn erhalten, können sie ihr Glück kaum fassen.

35. Ich will nicht wie meine Mutter enden

Herbst 2013. „Tante Lena, warum baut ‚Brücke der Hoffnung‘ eine Lehrwerkstatt für Jungen, aber uns *Mädchen* will niemand helfen?" Julia schaut Lena Grabenko mit traurigen Augen an.

„Ich will nicht wie meine Mutter enden, die sich zu Tode getrunken hat!"

„Keiner meiner Familienangehörigen hat einen Beruf gelernt", fügt Faina, eines unserer Roma-Mädchen, hinzu.

„Das Einzige, was sie mir beigebracht haben, ist, bettelnd durch die Stadt zu ziehen!"

Stein um Stein wächst die „Lehrwerkstatt für Jungen" und gleichzeitig wird die Frage unserer Mädchen immer lauter: „Und was wird aus uns?"

Dann ist es so weit, wir treffen die mutige Entscheidung, ein zweites Stockwerk auf das neue Gebäude zu setzen und vor Einbruch des Winters so lange zu bauen, wie das Geld reicht. Über der „Lehrwerkstatt für Jungen" entsteht eine „Lehrwerkstatt für Mädchen", über der Lagerhalle ein Berufsschulraum und eine Cafeteria für Seminare. Das hört sich gut an, doch nun brauchen wir eine richtige Heizungsanlage mit einem Brenner, Heizkörpern, Toiletten, Wasser, Kanalisation, Dachfenster und vieles mehr.

Ein Jahr nach Eröffnung der Lehrwerkstatt für die Jungen nimmt unsere „Lehrwerkstatt für Mädchen" schließlich ihre Arbeit auf. In den ersten Wochen gehen die Mädchen erst einmal in unsere Berufsschule, um Theorie zu lernen. Doch sie können es kaum abwarten, bis die Praxis endlich beginnt.

Der helle, freundliche Raum ist gut ausgerüstet. Im Mittelpunkt stehen elektrische Nähmaschinen, Overlockmaschinen, Schneidertische. Eine ehrenamtliche Lehrerin erzählt: „Als ich den Beruf einer Schneiderin erlernt habe, mussten wir uns mit drei Mädchen eine alte Nähmaschine teilen!"

„Tante Oxana, kannst du mir zeigen, wie man einen Faden am Ende vernäht?" Aufmerksam beobachtet Milana jede Bewegung ihrer geduldigen Lehrerin.

„Tante Oxana, eines Tages will ich genauso gut nähen und genauso leckeres Essen kochen können wie du! In meiner Roma-Familie kocht Mutter jeden Tag dieselbe Suppe, dazu gibt es trockenes Brot. Ich bin so froh, dass ich in unserer ‚Suppenküche' immer neue Rezepte kennenlerne, die ich alle in mein Rezeptbuch schreibe. Ich hoffe, dass ich eines Tages als Näherin Geld verdienen kann, um unabhängig von meiner Familie zu leben."

Als Milana vor sechs Jahren verwahrlost in „Villa Sonnenschein" ankam, sprach sie eine schlimme Gossensprache. In der „Roma-Schule" lernte sie mit 13 Jahren lesen und schreiben. In der von unseren Mitarbeiterinnen liebevoll geprägten Atmosphäre entwickelte sie sich zu einem aufmerksamen, charmanten Mädchen. Ihre Roma-Familie bestreitet ihren Lebensunterhalt weiterhin durch Betteln und Stehlen. Doch nun hat wenigstens Milana Hoffnung, eines Tages ehrliches Geld zu verdienen.

Die „Lehrwerkstatt für Mädchen" macht unter der Leitung von Lena Grabenko gute Fortschritte. Wir sind froh, dass wir so viele qualifizierte, ehrenamtliche Lehrerinnen gefunden haben, die sich dieser Aufgabe von ganzem Herzen widmen.

Das erste Praxisprojekt für die Mädchen wurde die Erstellung von Kostümen für unsere Krippenspiele. Da saßen sie dann ganz stolz in den Weihnachtsfeiern, stießen sich gegenseitig an und flüsterten: „Schau mal, das Kostüm hab ich genäht!"

36. Ich muss es schaffen

„Ich muss es schaffen … ich muss es schaffen … lieber Gott … hilf mir … ich muss es schaffen …" Atemlos hastet Nonna über matschige Wege Richtung „Villa Sonnenschein". Sie hat keine Zeit, auf Pfützen zu achten. Ihre Schuhe sind durchweicht. Strömender Regen fließt in ihren Kragen hinein. Von unbändiger Angst wird sie vorwärtsgetrieben.

Brutal von ihrem Mann zusammengeschlagen, wird Nonnas Mutter mit einem Notarztwagen ins Krankenhaus gefahren. Auf diesem traurigen Weg erblickt Nonna das Licht der Welt. Aus panischer Angst vor ihrem Mann flieht die Mutter mit ihrem Baby zwei Tage später aus dem Krankenhaus in eine andere Stadt, in der sie niemand kennt. Ihr bleibt nicht einmal Zeit, die Geburtsurkunde mitzunehmen.

Jahre tiefer Armut schleichen dahin. Als andere Kinder zur Schule gehen, kann Nonna nur sehnsüchtig hinterherschauen. Wie oft sieht sie sich in ihren Träumen in strahlender Schuluniform zur Schule eilen, weiße Schleifen im Haar, einen Blumenstrauß für ihre Lehrerin in der Hand. Lernen will sie, ein anderes Leben führen als ihre Mutter, die nur selten eine Schule besucht hat.

Jedes Jahr wartet sie auf den Einschulungstermin, doch Jahr für Jahr vergeht und nichts geschieht. Einmal, als ihre Mutter nicht zu Hause ist, schleicht sie zur Schule, bittet eine Lehrerin, sie in ihre Klasse aufzunehmen, ohne Erfolg.

Mitten in ihrer hoffnungslosen Situation hört Nonna von unserer „Roma-Schule". Wie gut passen diese beiden Worte in ihr

Leben, „Roma" und „Schule". Nonna wird eine unserer ersten Schülerinnen.

In dieser Zeit, Nonna ist bereits 12 Jahre alt, werden wir immer wieder mit ihren Fragen konfrontiert: „Wie sieht meine Zukunft aus? Ich kann lesen und schreiben, aber was mache ich, wenn ich erwachsen bin? Ich habe nicht einmal eine Geburtsurkunde. Für die Behörden existiere ich überhaupt nicht."

„Ich will rechtzeitig da sein … ich muss es schaffen …" Mit zitternden Händen öffnet Nonna die Tür zur „Lehrwerkstatt für Mädchen". Wie wohltuende Musik summen Nähmaschinen, als Nonna die Treppen hochsteigt. Und dann liegt er vor ihr – ein warmer, heller Saal, auf Tischen wunderbare Nähmaschinen, in der Ecke ein großer Spiegel, an der Wand eine Tafel. Hinter einer Nähmaschine sitzt eine Frau, die sie nicht kennt.

„Hallo, ich heiße Lena Grabenko. Komm rein, willst du dich für unsere ‚Lehrwerkstatt für Mädchen' anmelden?" Alles dreht sich in Nonnas Kopf. Benommen kann sie nicht antworten, nur nicken.

Hand in Hand verlassen Lena und Nonna wenig später die „Lehrwerkstatt". Nonnas Gesicht glüht vor Freude und Aufregung, denn eins weiß sie genau: Sie will die Chance ihres Lebens nicht verpassen, eines Tages Näherin zu werden. Nonna ist nur eines von vielen unglücklichen, vergessenen Mädchen, denen wir eine hoffnungsvolle Zukunft schenken wollen.

37. Wowas Hoffnung

Wie getrieben hetzt Wowa auf seinem klapprigen Fahrrad über die staubige Landstraße. Er will nur noch weg, weg von den dramatischen Ereignissen der vergangenen Tage. Frauen hatten auf Plätzen in Swetlowodsk wutentbrannt gegen einen bevorstehenden Krieg demonstriert, Männer die schwere Leninstatue vom Sockel gerissen. Ihr alter Fernseher verbreitete immer neue Schreckensmeldungen über die unvorstellbare Wirtschaftskrise. Das besorgte Gesicht seiner Mutter verhieß nichts Gutes.

Vor ihm liegt ein holpriger Weg, der immer steiler wird. Erschöpft steht Wowa schließlich auf dem weiten Platz, der sein Leben verändert hat. Vorsichtig lehnt er sein Rad an einen Baum und sinkt müde ins Gras. Verträumt lässt er seinen Gefühlen freien Lauf.

Hier stand vor einem Jahr das große Sommerlager von „Brücke der Hoffnung". Stolz schweifen seine Augen über den breiten Fluss Dnepr, in dem er Schwimmen gelernt hat. Unter der großen Birke stand sein Zelt, in dem er mit seinem Team so viele schöne Stunden verbracht hat.

Farbenfrohe Erinnerungen überwältigen den 12-jährigen Jungen – fröhliche Lieder, das Lachen von Kindern. Fast kann er wieder den verführerischen Duft von frischem Brot und der leckeren Gulaschsuppe riechen. Neben dem Essenszelt stand das Trampolin. Für einen Augenblick vergisst er seine Sorgen und seine schweren Gedanken. Mitten auf dem Zeltplatz loderte jeden Abend ein knisterndes Feuer. Tränen füllen seine Augen, als er an die langen Gespräche mit seinem Teamleiter denkt, an die Zeit, in der er krampfhaft nach Antworten auf all seine Fragen suchte.

Wowa kommt aus einer gestörten Zigeunerfamilie. Armut, Schmutz, Alkohol und Brutalität bestimmen ihren unerträglichen Alltag. Unser letztes Sommerlager wurde zum Wendepunkt in seinem trostlosen Leben. Die Liebe unserer Mitarbeiter und die unbeschreiblich gute Gemeinschaft zerbrachen die hohen Mauern, die er um sein Herz herum errichtet hatte. Gott begann an diesen Mauern zu rütteln. Als er zum ersten Mal die gute Botschaft von Jesus gehört und verstanden hatte, kniete er ergriffen vor dem Kreuz und gab seinem himmlischen Vater sein tief verwundetes Herz.

Unruhig wühlt Wowa mit einem Stock im Boden. Es gibt noch so viele unbeantwortete Fragen und ungelöste Probleme. Schweigend schlendert er über das stille Lagergelände, denkt über die ermutigenden Morgenandachten und die begeisternden Abendveranstaltungen nach, über den gewaltigen Schatz an Erinnerungen, die er nach Hause mitnehmen durfte. Vögel singen ihre unbeschwerten Lieder, eine frische Brise weht ihm vom Fluss her ins Gesicht. Lange starrt er auf das Wasser, das so friedlich vor ihm liegt, spürt, wie tiefer Friede in seinem unruhigen Herzen aufsteigt.

Als Wowa wieder auf seinem Fahrrad sitzt, merkt er, dass sich etwas in ihm verändert hat. Hoffnung ist zurückgekehrt, eine Hoffnung, die er mitnehmen will in seinen traurigen Alltag. Auf dem Heimweg kauft er in einem Geschäft ein Maßband. Ab heute will er jeden Tag einen Zentimeter abschneiden, stellvertretend für jeden Tag, der ihn näher zu dem Augenblick bringt, an dem es wieder heißt: „Herzlich willkommen im Sommerlager!"

38. Eine aufregende Schiffsreise

Erfrischender Regen über Swetlowodsk hat die Luft über Nacht abgekühlt. Es ist ganz ruhig auf dem weiten Lagerplatz im romantischen Pinienwald am Fluss Dnepr. Vögel unterbrechen die unbeschreibliche Stille, singen ihr fröhliches Morgenlied.

In einigen Stunden wird dieser traumhafte Ort von lautem Kinderlachen erfüllt sein. Im Moment ist es nur ein kleines Wäldchen, doch schon bald beginnt hier das lang erwartete Sommerlager.

Schon von Weitem hört man unentwegt laute Kinderstimmen. Ein wenig unsicher schauen sich die Ankömmlinge neugierig um, Jungen und Mädchen aus Swetlowodsk und natürlich aus den „Vergessenen Dörfern".

Am Eingang zum Lagerplatz arbeiten kräftige „Matrosen" mit gestreiften T-Shirts. Da werden Kisten mit Proviant geschleppt, das Deck geschrubbt, letzte Planken angestrichen. Im nächsten Augenblick sind unsere kleinen Gäste auch schon im fesselnden Motto und der aufregenden Atmosphäre des Sommerlagers gefangen.

„Lotterie! Lotterie! Greift zu, jedes Los gewinnt! Hier gibt es den Hauptgewinn, eine Traumreise mit unserem neuen Schiff! Na, auf was wartet ihr noch?"

Das ganze Lagergelände ist wie ein riesiger Hafen hergerichtet und zieht alle „Passagiere" gleich in ihren Bann. An einer Ecke kann man Seemannsknoten kennenlernen. An einer anderen Stelle wird ein Kompass erklärt. Wie liest man eine Seekarte? In der Kombüse müssen Kartoffeln geschält werden. Die Gesichter unserer kleinen Freunde glühen vor Aufregung.

„Ahoi, unser Schiff legt ab!" Feierlich schneidet ein Ehrengast das rote Band vor der Jungfernfahrt durch. Dramatische Musik schallt übers Deck. Bunte Ballons schmücken das Schiff, warmer Wind bläst lustig in das Segel. Stolz steht die Besatzung im Heck, als die Flagge gehisst wird.

Nun warten alle nur noch auf das Kommando des Kapitäns: „Mannschaft, volle Fahrt voraus! Vor uns liegt eine achttägige Kreuzfahrt. Wir wünschen allen Passagieren eine unvergessliche Zeit!"

„Achtung! Achtung! Alle Jungen und Mädchen versammeln sich zu unserem großen Geländespiel auf dem Sportplatz!"

Während Olga hinter anderen Kindern her eilt, um nicht zu spät zu kommen, zieht sie sich beim Laufen ihre zerrissenen Turnschuhe an. Zum ersten Mal seit Jahren erlebt das kleine, zerbrechliche Mädchen in unserem Sommerlager eine unbeschwerte, begeisternde Zeit. Ganz aufgeregt beteiligt sie sich an Spielen, und wenn sie mit anderen Mädchen im Planschbecken herumtobt, ist ihr Lachen schon von Weitem zu hören.

In den Abendveranstaltungen singt sie hingebungsvoll auf der Bühne in ein Mikrofon. In diesen Augenblicken spürt sie, dass es für ihr trostloses Leben vielleicht doch noch Hoffnung gibt.

Nach dem Tod ihrer Mutter ist ihr Leben grau und unglücklich geworden. Zwar sind fünf Jahre seit diesem traurigen Tag vergangen, doch noch heute steigen ständig traumatische Bilder in ihr auf, in denen sie am Bett ihrer sterbenden Mutter steht.

Unter Tränen bettelt sie den behandelnden Arzt an: „Onkel, bitte, rette meine Mutter. Wie soll ich ohne meine Mutter leben?"

Bis zum heutigen Tag kann Olga es nicht glauben, dass ihre Mutter gestorben ist und nie wieder zu ihr zurückkehrt. Das einzige Andenken an ihre Mutter ist ein vergilbtes Foto, das Olga jeden Abend sorgfältig unter ihrem Kopfkissen versteckt.

Wenn sie sich traurig oder einsam fühlt, drückt sie das Foto fest an ihr Herz und flüstert: „Mama, wenn du noch leben würdest, dann könntest du mir jetzt helfen!"

Doch im Sommerlager gibt es keine Minute, in der Olga Zeit hat, traurig zu sein. Am Ende des Tages, nach großen Abendveranstaltungen, versammeln sich die Kinder in ihrer Kleingruppe um eine Kerze. In diesen wertvollen Augenblicken spricht Olga zum ersten Mal laut aus, wie sehr sie ihre Mutter vermisst und wie schwer es ihr fällt, bei Verwandten aufzuwachsen, die sich überhaupt nicht für sie interessieren.

Dann kommt der wichtigste Tag im Sommerlager, der Tag, an dem die Jungen und Mädchen ermutigt werden, Jesus ihr Herz zu öffnen. Tief bewegt steht Olga am Kreuz. Tränen fließen über ihr Gesicht. Heute versteht sie, wie sehr sie ihr himmlischer Vater lieb hat. Leise, kaum hörbar, bittet sie Jesus, in ihr kleines Herz zu kommen.

In wenigen Tagen geht das Sommerlager zu Ende, legt das „Schiff" wieder an. Dann muss Olga sich von ihren neuen Freunden verabschieden. Doch eines weiß sie jetzt ganz sicher: Selbst wenn Menschen sie verletzen oder allein lassen – ab heute wird Jesus immer bei ihr sein.

39. Unbeschreibliche Freude

„Kinder, Frühstück!" Verschlafen torkeln erste Jungen und Mädchen aus ihren Zelten. Nur Angela ist schon hellwach. Sie hat sich bereits gewaschen und freut sich auf ein leckeres Frühstück.

Als ein Mitarbeiter ein riesiges Holzkreuz durch das Lagergelände schleppt, bleibt Angela wie versteinert stehen. Beängstigende Bilder steigen in ihr auf, von einem grauen Wintertag vor sieben Jahren.

In Schwarz gekleidete Menschen stapfen mit gesenkten Köpfen durch tiefen Schnee zum kleinen Dorffriedhof. Mit aller Kraft rammt ein Arbeiter ein schiefes Holzkreuz in den gefrorenen Boden, an das er ein vergilbtes Bild ihrer Mutter nagelt. Verzweifelt klammert sich das Mädchen an den kalten Sarg, der langsam in einem Loch im eisigen Winterboden verschwindet. Dann bricht sie erschöpft unter Tränen zusammen.

Wie oft verfolgen Angela die schrecklichen Bilder, als sie ihre Mutter fand, die sich im alten Schuppen hinter ihrer ärmlichen Hütte erhängt hat? Arbeitslosigkeit, Hoffnungslosigkeit und Alkohol trieben sie in den Selbstmord. Verzweifelt versuchte das Mädchen ihre Mutter zu retten, doch es war zu spät.

„Das Sommerlager ist der schönste Platz auf der ganzen Welt. Ich habe mich schon das ganze Jahr darauf gefreut!" Mit Freudentränen liegt Angela bei der Begrüßung einer Mitarbeiterin in den Armen.

In den kommenden Tagen findet Angela viele neue Freunde, beteiligt sich an allen Spielen, vergisst schon bald den trostlosen Alltag in ihrem „Vergessenen Dorf".

Und dann ist er da, der wichtigste Tag im Sommerlager. Angela steht aufmerksam und ergriffen mit ihrer Gruppe vor dem großen Holzkreuz und lauscht auf Geschichten von Karfreitag und Ostern.

„Tante Oxana, seit meine Mutter gestorben ist, muss ich oft über den Tod nachdenken." Ganz ernst schaut das Mädchen ihre Gruppenleiterin an.

„Ich habe in meiner Bibel gelesen, dass Menschen, die Jesus Christus in ihr Herz aufnehmen, eines Tages bei ihm sein werden. Und weißt du was, da gibt es keine Krankheit und niemand ist mehr traurig, da muss auch niemand mehr weinen, da ist nur Freude und Liebe. Ich konnte mir das nie vorstellen, dass es einen so schönen Ort gibt. Doch hier im Sommerlager gibt es viele Dinge, die es bestimmt auch einmal im Himmel geben wird."

Mit Tränen in ihren Augen stehen sie vor dem Kreuz. Oxana spürt, wie Angela nach all ihren schweren Erlebnissen neue Hoffnung schöpft. Zitternd kniet das Mädchen vor dem Kreuz und betet: „Lieber himmlischer Vater, ich schenke dir heute mein Herz! Ich glaube, dass dein Sohn für mich gestorben ist, dass ich eines Tages bei dir sein werde. Erfüll bitte mein Herz mit deinem Frieden, mit deiner Liebe!"

Am letzten Abend stehen alle Hand in Hand am Lagerfeuer und singen ihr Bekenntnis: „Vater, wir wollen dir von ganzem Herzen folgen …"

Als Oxana sieht, wie Angela über ihr ganzes Gesicht strahlt, wird ihr Herz von unbeschreiblicher Freude erfüllt. Sie weiß: Gott wird Angela Kraft für ihr schweres Leben schenken und wir werden versuchen, ihr dabei zur Seite zu stehen.

40. Danke!

Hallo, Tante Oxana, vor einigen Tagen bin ich aus unserem Sommerlager nach Hause zurückgekommen und habe beschlossen, Dir mit diesem Brief zu danken.

Oxana Baranetz liest die unsichere Kinderschrift auf einem dünnen Blatt Papier. Nur die Anschrift ist mit klaren Druckbuchstaben geschrieben: „VON JURA AUS GULAI POLE."

Jeder Tag beginnt für mich und meine beiden Schwestern mit Sorgen, wenn meine Mutter verzweifelt überlegt, was wir heute essen sollen. Vom Morgen bis zum Abend schuften meine beiden Schwestern in glühender Sonne auf unserem riesigen Feld, jäten Unkraut zwischen Kartoffeln und Gemüse. Mutter ist bei alten Nachbarn unterwegs, um ein wenig Geld zu verdienen. Sie wäscht und putzt, doch meistens bringt sie ihre Gemüsegärten in Ordnung. Traurig sitze ich am Fenster. Es zerreißt mein Herz, dass ich nicht helfen kann, obwohl ich der einzige Mann in unserer Familie bin. In meinen Ohren gellen Worte, die mein Leben zerstören: „… Krüppel … Krüppel … Krüppel …"
Der graue Alltag unserer Familie wird jedes Jahr etwas erhellt, wenn sich meine Schwestern auf das Sommerlager von „Brücke der Hoffnung" vorbereiten. Wenn sie zurückkommen, beginnt in unserer Hütte ein buntes Freudenfest. Da werden Geschenke und Süßigkeiten verteilt. An langen Abenden führen sie Theaterstücke auf, singen lustige Lieder, spielen mit uns interessante Spiele, die sie von ihrer Freizeit mitgebracht haben. Dann hören wir nichts anderes als: „… Sommerlager … Brücke der Hoffnung … auf unserer Freizeit haben wir …" Voller Hass starre ich auf meine

dünnen Beine, die mich nicht mehr tragen, auf den Rollstuhl, an den ich seit langen Jahren gefesselt bin. Nie werde ich den Tag vergessen, an dem Du uns Hilfsgüter aus Deutschland gebracht hast und ich Dich angebettelt habe: „Bitte, Tante Oxana, nimm mich doch auch einmal mit in Dein Sommerlager, und wenn es nur für eine halbe Stunde ist."

Nun sind meine unerreichbaren Träume in Erfüllung gegangen. In diesem Jahr durfte ich mit ins Sommerlager fahren. Die Tür von unserem Bus wurde gerade geöffnet, da stürmten auch schon Erzieher und Kinder auf mich zu, haben mich fröhlich begrüßt.

Was in den kommenden Tagen geschehen ist, kann ich nur schwer beschreiben. Man hat mich in den Swimming Pool getragen. Mitarbeiter haben mich auf das Trampolin gesetzt. An den Abenden durfte ich sogar im Musikteam mitsingen. Mitarbeiter aus dem Sommerlager haben mir mehr Liebe geschenkt als meine eigenen Verwandten. In diesen unbeschwerten Tagen habe ich mich nicht wie ein Krüppel, sondern wie ein normales Kind gefühlt.

Es ist mir am letzten Tag sehr schwergefallen, wieder nach Hause zu fahren, denn in dieser fröhlichen Zeit habe ich viele neue Freunde gefunden. Doch was noch wichtiger ist, hier hab ich zum ersten Mal verstanden, wie sehr mich mein himmlischer Vater lieb hat.

Liebe Tante Oxana, bis heute träume ich noch immer von dieser wunderbaren Zeit, die ich erleben durfte. Jeden Abend bete ich mit meinen Schwestern für unsere Familie und dass wir im nächsten Jahr wieder mit in Dein Sommerlager kommen dürfen.

Es grüßt Dich Dein dankbarer Jura

41. Warum wollt ihr uns helfen?

Wild heult ein eisiger Wintersturm über die „Vergessenen Dörfer" der Ukraine, rüttelt mit aller Kraft an schiefen Gartenzäunen, will sie mit Gewalt aus ihrer Verankerung reißen.

Verzweifelt stemmt sich ein junger Mann gegen das Unwetter. Er versucht, feuchten Schnee abzuwehren, der ihm ins Gesicht peitscht. Mit zugekniffenen Augen starrt er auf die verschneite Dorfstraße, die nur noch schemenhaft vor ihm erscheint.

Von Weitem ertönt ein Motorengeräusch. Ein klappriger Lada kämpft sich durch tiefen Schnee. Das Herz des jungen Mannes rast, als er dem Fahrzeug entgegenstürzt. Vorsichtig öffnet er die Beifahrertür, ruft erleichtert: „Mutter … Mutter … ich bin so froh … ich bin so froh, dass du wieder da bist …"

Langsam führt der Junge seine schwache Mutter zum Bett. Jede Bewegung bereitet ihr unerträgliche Schmerzen.

An dem Tag, an dem das Unbegreifliche passiert, geht die 51-jährige Katherina ins Nachbardorf, um Brot für ihre Familie zu kaufen. Drei ihrer Kinder sind bereits aus dem Haus. Sie haben es geschafft, in die Stadt zu ziehen. Doch es bleiben immer noch fünf übrig, die versorgt werden müssen. Ihr Mann treibt sich irgendwo in der Gegend herum, kommt nur selten nach Hause.

In Gedanken versunken läuft Katherina auf dem Heimweg an einem abgeernteten Sonnenblumenfeld entlang, als ein Fahrzeug mit quietschenden Reifen neben ihr hält – ein Geräusch, das sie nie vergessen wird.

Was von diesem Zeitpunkt an passiert, kann sie nur noch in Bruchstücken erzählen. Brutal zusammengeschlagen und vergewaltigt wird sie bewusstlos auf dem Feld liegen gelassen. Nur durch ein Wunder überlebt sie die kalte Nacht. Am Morgen wird sie schwer verletzt in ein Krankenhaus eingeliefert.

Mit schmerzverzerrtem Gesicht dreht sich Katherina im Bett in ihrer Hütte zur Seite. Die inneren Verletzungen machen ihr mehr zu schaffen als die äußeren Wunden. Weinen kann sie kaum noch. Irgendwann sind ihre Tränen während ihres sechswöchigen Krankenhausaufenthaltes versiegt. Tief bewegt sitzen die beiden Mitarbeiterinnen unseres Missionswerkes an ihrem Bett, halten ihre Hand.

„Ich habe mein ganzes Leben lang für einen Hungerlohn in der Schule als Putzfrau gearbeitet. Wo soll ich sonst in unserem ‚Vergessenen Dorf‘ eine Arbeitsstelle finden? Meine Behandlung hat bisher 700 Euro gekostet, so viel verdiene ich nicht einmal in einem ganzen Jahr. Meine älteren Kinder, die in der Stadt wohnen, helfen, wo sie können. Mein 15-jähriger Sohn hat in einem landwirtschaftlichen Betrieb Geld verdient. Nun ist er mit seinem alten Fahrrad gestürzt und hat sein Schlüsselbein gebrochen. Wir sind eine vom Unglück verfolgte Familie. Ich glaube, Gott hat uns vergessen."

Wenige Augenblicke später liegt ein Berg von Lebensmitteln auf ihrem Küchentisch und wir können ihr finanzielle Unterstützung zusagen. Katherinas Tochter hält ihr eine Banane hin.

„Mutter, du musst etwas essen, damit du wieder stark wirst!"

Da strömen Tränen über ihr Gesicht und sie flüstert schluchzend: „Vielleicht ... vielleicht hat uns Gott doch nicht vergessen ..."

Widerlicher Gestank schlägt uns aus der kalten Hütte entgegen. Eine verschimmelte Zimmerdecke hängt halb eingefallen in den feuchten Raum hinein. Aufgeregt zieht uns eine Großmutter in eine dunkle Ecke.

„Bitte ... fragt meinen Sohn nicht nach seiner Frau ... sie ... sie hat ihn vor ... vor zwei Monaten verlassen ... sie hat ihn mit vier ... mit vier kleinen Kindern sitzen gelassen ... nun versuchen wir einfach nur noch zu ... zu überleben ...“ Erschöpft bricht die vom Leben gezeichnete Frau in Tränen aus.

Vier kleine Jungen in löchriger, verwaschener Unterwäsche, im Alter von ein bis sieben Jahren hocken unter einer schmutzigen Decke und starren uns ängstlich an. In der ärmlichen Hütte gibt es nur ein rostiges Bett, kaum Möbel, keinen Strom und keine Spielsachen. Die trostlose Atmosphäre ist mit Händen zu greifen.

Was in den kommenden Stunden geschieht, ist nur schwer zu beschreiben. Da werden schwere Kartons in die Hütte geschleppt. Ehrfurchtsvoll streicheln die Jungen über ihre neue Kleidung, die kuschelige Decke, das frischbezogene Bett.

Vorsichtig nimmt ein Junge eine Packung Nudeln in die Hand und fragt schüchtern: „Tante, ... was ist das denn ...?“

In diesem Augenblick kann Vater Sergej seine Tränen nicht mehr zurückhalten, flüstert verlegen: „Wir bekommen von unseren Nachbarn nur ... nur ein wenig Milch von ihrer Kuh und Küchenabfälle ... meine Kinder haben noch nie Nudeln gegessen ... wer seid ihr ... warum wollt ihr uns helfen ...?“

Nachdem sich die anfängliche Spannung gelegt hat, lässt uns Sergej an seinem Schicksal teilhaben, an einem Leben, das von unerträglicher Traurigkeit geprägt ist. Wie in einer kleinen Familienandacht erzählen wir den bewegten Zuhörern von unserem himmlischen Vater, der uns lieb hat und uns gerade in harten Zeiten zur Seite stehen will.

Als wir uns verabschieden und versprechen, wiederzukommen, spüren wir, dass wir Sergej nicht nur mit Hilfsgütern, sondern auch mit neuer Hoffnung beschenkt haben.

„Soll doch alles in Flammen aufgehen!", schreit der Mann wie von Sinnen, übergießt Möbel mit stinkendem Benzin. Nur ein entzündetes Streichholz braucht es und das Zuhause der kinderreichen Familie brennt lichterloh, wie eine lodernde Fackel. Mehr tot als lebendig hastet Nina aus der brennenden Hütte, als riesige Flammen auch noch ihre letzten Habseligkeiten verschlingen. Dann kann sie sich an nichts mehr erinnern.

Nachbarn bieten Ninas Familie vorübergehend Schlafplätze an, bis sie nach zwei Wochen eine kleine Hütte findet. Allein versucht sie nun, alles Notwendige für sich und ihre Kinder für einen Neuanfang zu besorgen. Ihnen ist fast nichts geblieben. Ihr Ehemann ist auf der Flucht vor der Polizei, wird steckbrieflich gesucht.

„Hallo Nina! Wir rufen an, um dir Setzkartoffeln und Gemüsesetzlinge für deinen Garten anzubieten. Möchtest du Tomaten, Gurken und Kohl anpflanzen, damit deine Familie genug Gemüse im nächsten Winter hat? Was du übrig hast, geben wir an andere bedürftige Familien und Kinder weiter." Eine lange Stille am anderen Ende der Leitung lässt bei uns leichte Nervosität aufkommen, bis wir verstehen, dass Nina mit tränenerstickter Stimme kaum sprechen kann.

Schon beim ersten bewegenden Besuch, als wir Setzkartoffeln und Gemüsepflanzen bringen, erzählt Nina Einzelheiten der tragischen Ereignisse.

„Ich wusste nicht, wie wir überleben sollten. Wir hatten keine Kleidung, keine Möbel, keine Lebensmittel! Ich konnte mir überhaupt nicht vorstellen, einen Garten zu bestellen, weil das Geld dafür überhaupt nicht reicht! Und jetzt kommt ihr mit all diesen wunderbaren Geschenken. Das ist wirklich ein unbegreifliches Wunder! Danke für eure Liebe und für eure Bereitschaft, Menschen zu helfen, die in schwierige Lebensumstände hineingeraten sind." Sorgfältig hält Nina eine Kiste mit Gemüsesetzlingen wie ein kostbares Gut in ihren Händen.

Im Lauf der Jahre rufen uns oft Familien an, die in Not geraten sind. Krankheiten haben sie aus der Bahn geworfen, andere haben in der Wirtschaftskrise ihre Arbeitsstelle verloren oder ein Schicksalsschlag hat ihnen jeglichen Lebensmut geraubt und sie in tiefe Depression gestürzt.

In einem ersten Gespräch versuchen wir in diesen Fällen das Problem der Hilfesuchenden zu verstehen, bevor wir gemeinsam nach Lösungen suchen. Die Familien von Katherina, Sergej und Nina stehen stellvertretend für die vielen Familien, denen wir durch unsere Aktion „Von Herz zu Herz" helfen konnten.

42. Von Herz zu Herz

Spätsommer 2013. Mit letzter Kraft wühlt Swetlana im matschigen Gartenboden. Wieder nichts! Wie viel Kraft hat sie in ihren Garten investiert? Tagelang hat sie bis zur Erschöpfung den schweren, feuchten Boden umgegraben. Verzweifelt wühlt sie weiter, alles verfault! Die wenigen guten Kartoffeln fallen scheppernd in einen alten Blecheimer. Nach einer Stunde ist er gerade einmal halb voll.

Mutlos lässt sich Swetlana auf den nassen Boden fallen, um auszuruhen. Sie könnte schreien, weiß nicht, wie sie mit ihrer Enttäuschung umgehen soll. Mit ihren 45 Jahren fühlt sie sich bereits wie eine alte, einsame Großmutter. Tränen strömen über ihr Gesicht.

Vor zehn Jahren war ihre ärmliche Hütte noch gut in Schuss. Den kleinen Zaun hat ihr Mann um das Grundstück gebaut. Doch schon bald sollte sich ihr Glück in bittere Armut wandeln.

Unerträgliche Kopfschmerzen begannen ihren Mann zu quälen. Nach teuren Untersuchungen fanden die Ärzte einen Gehirntumor. Als ihr Mann nach wenigen Monaten starb, ließ er seine Frau mit einem kleinen Sohn zurück. Von diesem Tag an war ihre Einsamkeit, ihre Hoffnungslosigkeit, ihre Armut vorprogrammiert.

Der letzte Winter mit seinen riesigen Mengen Schnee und eiskalten Nächten wurde für sie zum Albtraum. Das mühsam gesammelte Holz ging schon Anfang Januar zur Neige. Um zu überleben, musste sie schweren Herzens ihren wunderschönen Zaun, den ihr Mann mit so viel Liebe gebaut hatte, abreißen und verfeuern. Jeder Axtschlag war wir ein Messerstich tief in ihr Herz.

Müde stützt sich Swetlana auf ihren alten Spaten. Wie soll sie den kommenden Winter überleben? Was sollen sie und ihr Sohn essen? Jeden Tag ist ihr Sohn nach der Schule unterwegs, um Holz zu sammeln. Swetlana will einen Teil ihrer Kartoffeln verkaufen, um Holz und Kleidung zu erstehen. Letzte Hoffnungen zerbrechen. Die alten Nachbarinnen, denen sie manchmal im Haushalt hilft, können ihr kaum noch Geld dafür zahlen. Wenn sie Glück hat, bekommt sie manchmal einen Kohlkopf.

Verzweifelt schaut die 80-jährige Großmutter Luba in den grauen Himmel.

„Regen … Regen … immer nur Regen. Lieber Gott, wann hört es endlich auf zu regnen?" Unaufhörlich fließt Wasser die Wände ihrer Lehmhütte herunter. Im Wohnraum stehen Gefäße, Eimer, Teller, Blechdosen auf dem Boden, denn überall tropft es durchs Dach. Bereits im August hatte sich der Himmel verfinstert. Von da an ist es kalt, es regnet ständig.

Traurig betrachtet Großmutter Luba ihren ärmlichen Garten. Wie oft hat sie sorgfältig alle Gartenbeete vom Unkraut befreit und ihre Karotten, Rote Bete und den Kohl gehegt und gepflegt. Doch jetzt sieht ihr Garten aus wie ein trostloses Schlammfeld, auf das immer mehr Herbstblätter fallen.

Mit wie viel Hoffnung hat sie gesät, von ihrer ärmlichen Rente Setzlinge auf dem Markt gekauft, alles umsonst. Zum Glück hat sie vor dem großen Regen Kartoffeln geerntet. Ihren Nachbarn sind nicht einmal Kartoffeln geblieben. Eimer um Eimer brachte sie die Kartoffeln in ihren kleinen Vorratsraum. Einen Eimer stellte sie auf die Seite.

„Wenn es aufhört zu regnen, bringe ich diese Kartoffeln zu ‚Brücke der Hoffnung'. Die können sie bestimmt in ihrer Suppenküche gebrauchen, wo Kinder etwas zu essen erhalten, die aus Familien kommen, die noch ärmer sind als ich."

Leise öffnet sich das Gartentor von „Villa Sonnenschein". Auf löchrigen Hausschuhen schleicht Luba zu einem unserer Mitarbeiter, flüstert: „Ich hab euch einen Eimer Kartoffeln und einen großen Weißkohl mitgebracht. Ich weiß, wie viel Hunger eure Kinder jeden Tag haben! Das ist mein Beitrag zu eurer großartigen Arbeit."

Es ist seit langer Zeit der erste sonnige Tag in Swetlowodsk. Nach zwei Monaten regnerischen Wetters reißen die Wolken heute wieder einmal auf. Gespannt warten unsere Mitarbeiter auf der Straße vor „Villa Sonnenschein".

Zwei Fahrzeuge mit großen Anhängern bringen über vier Tonnen Kartoffeln, Unmengen von Kohl, Gemüse, eingelegtem Obst, Tomaten, Gurken. Starke Männer aus einem christlichen Rehabilitationszentrum, das wir mit Hilfsgütern aus Deutschland unterstützen, sind als Helfer angetreten. Sie haben gleich einen Teil ihrer Ernte mitgebracht – Kartoffeln, Säcke mit Karotten. Sack für Sack verschwindet in unseren neuen Lagerhallen für Lebensmittel, Glas um Glas wird auf die Regale gestellt. Es folgen gepresste Obstsäfte und Marmelade.

Während wir schwere Kartoffelsäcke vor „Villa Sonnenschein" abladen, denke ich an die abgemagerte Großmutter Luba, der es so schlecht geht und die uns trotzdem mit Kartoffeln hilft. Selbst nach einer schlechten Ernte bringen viele arme Familien Obst, Gemüse und Kartoffeln in unsere Kinderhäuser. Andere bringen große Gläser mit selbst gemachter Marmelade, mit Gurken, Tomaten, frisch gepressten Säften. Dazu haben wir selbst angefangen, auf Vorrat tonnenweise Kartoffeln von Bauern einzukaufen.

Langsam füllen sich die Regale in unseren Lagerräumen für unsere Winter-Hilfsaktion: „Von Herz zu Herz".

43. Der Maidan brennt

Februar 2014. „Der Maidan brennt. Tote werden in Hotelhallen aufgebahrt. Julia Timoschenko kehrt triumphierend aus dem Gefängnis zurück. Janukowitsch auf der Flucht. Die Ukraine am Rande der Zahlungsunfähigkeit."

Schlagzeilen, die nicht nur Ukrainern den Atem stocken ließen.

„Wir sind so stolz auf unsere Helden vom Maidan! Jetzt wird die Ukraine endlich ein freies Land!"

Dieser und andere ähnlich hoffnungsvolle Sätze kursieren auf den Straßen der Ukraine. Die meisten der Demonstranten sind so euphorisiert, dass sie überhaupt nicht mitbekommen, wie Vertreter der Regierung im Fernsehen bereits verzweifelt über die ausweglose Wirtschaftslage der Ukraine sprechen.

Staatsbankrott, leere Kassen, Kurzarbeit, Schließungen von Fabriken, drastisch ansteigende Arbeitslosigkeit, rapide wachsende Inflation sind Schlagworte, die immer öfter fallen. Der Griwna, die ukrainische Währung, befindet sich im freien Fall. Preise explodieren. Es sind nicht nur ein paar dunkle Wolken, die am Horizont aufziehen. Nein, die Ukraine wankt unaufhaltsam in eine schlimme Zukunft.

Wie wird das Volk darauf reagieren, wenn das ganze Ausmaß der finanziellen Katastrophe erkannt wird? Die Lage wird immer unüberschaubarer. Der normale Bürger sitzt wie gelähmt vor seinem Fernseher, kann die dramatischen Entwicklungen kaum noch fassen. Erster Enthusiasmus weicht immer mehr unbeschreiblicher Fassungslosigkeit. Wie konnte es so weit kommen? Schuldige werden gesucht.

In Kiew haben die Demonstranten noch immer nicht den Maidan verlassen, da beginnt die Wirtschaftskrise die Ukraine immer mehr aus der Bahn zu werfen.

In Krementschuk sind viele Arbeiter in einer großen Fabrik angestellt, in der man Eisenbahnwaggons baut, von denen die meisten nach Russland geliefert werden. Nun fordert Russland kaum noch Waggons an. Seit Anfang März müssen die Arbeiter nun unbezahlten Urlaub nehmen, wissen nicht, wann sie zu ihrer Arbeitsstelle zurückkehren können. Für ihre Familien ist ein brutaler Überlebenskampf angebrochen.

Ähnlich wie in der Fabrik in Krementschuk gehen viele Fabriken in der Ukraine einer finsteren Zukunft entgegen.

Die Wirtschaftskrise erfordert eigentlich einen Aufbruch, ein Aufbegehren, Aktivwerden. Doch genau das Gegenteil ist der Fall. Lähmung macht sich breit, aber auch Verunsicherung, denn es wird klar: Das ist erst der Anfang!

Der Winter ist gerade zu Ende, da müssen die Menschen in den „Vergessenen Dörfern" bereits wieder an den nächsten Winter denken, einen Winter, der die Ukraine hart treffen wird.

Müde dreht sich die alte Frau auf ihrem wackligen Bett um, starrt auf feuchte Wände, die so grau, so trostlos aussehen. „Was bedeutet das für mich? Werden die Preise schon wieder radikal steigen? Und was noch wichtiger ist, kann die Regierung in den kommenden Monaten meine Rente überhaupt noch zahlen?"

Ihre offenen Beine schmerzen, wollen sie nicht mehr tragen. In unendlich scheinenden, schlaflosen Nächten fragt sich die kranke Frau: „Wie soll es weitergehen? Wie soll ich meinen Haushalt bewältigen? Wie lange muss ich noch leiden?"

Traurig blickt sie durch ihr kaltes Zimmer. „Wie lange halten die Fenster noch? Wann wird das Dach zusammenbrechen?"

Mit zitternden Fingern greift sie einen langen Stock, ihren wichtigsten Helfer. Am Ende hat sie einen rostigen Nagel befestigt. Mit ihrem Helfer kann sie Dinge im Raum erreichen und zu sich heranziehen. Jetzt ist es der Topf, halb gefüllt mit Kartoffeln von gestern. Der Topf ist schwer, ihre Hände verkrampfen. Einsamkeit und Hilflosigkeit treiben ihr Tränen in die Augen.

Als ihr Mann vor einigen Jahren starb, war es wie ein Todesurteil. Kinder haben sie nie gehabt. Wer sollte ihr jetzt helfen? Monatelang versank sie in tiefen Depressionen.

„Großmutter Wera, dürfen wir reinkommen?" Über ihren schweren Gedanken hat sie das Klopfen fast überhört. Ein Lächeln huscht über ihr Gesicht.

„Mädchen, meine Lieben, kommt doch rein. Ich bin so froh, dass ihr mich nicht vergessen habt!"

Luda Slobodianik und Ira Kurbatowa schleppen Kartoffeln und Gemüse in den Raum – Lebensmittel, die der alten Frau weiterhin helfen, den harten Winter zu überleben.

44. Kartoffelaktion

April 2014. „Tante Oxana, ich habe gehört, dass die Lebensmittelpreise noch weiter steigen werden und dass sich der Gaspreis im Mai verdoppelt. Meine Eltern können vor Angst kaum noch schlafen!" Kristina schaut ängstlich Oxana Naumtschuk an, die das „Tageskinderheim am See" leitet. In der Zwischenzeit hat sich die Angst der Eltern offenbar auch auf die Kinder ausgewirkt.

Für viele Familien in den „Vergessenen Dörfern" ist das Kindergeld das einzige Einkommen. Hinzu kommt, dass viele Vergünstigungen für arme Familien gestrichen werden, weil die Staatskassen leer sind.

Es herrscht atemlose Stille, als Mascha Galagowetz mit den „Vergessenen Kindern in Schorsk" über die angespannte Situation in der Ukraine spricht. Selbst die Kleinsten haben bereits die Sorgen und die Unsicherheit ihrer Eltern übernommen.

In einer bewegenden Gebetsgemeinschaft bringen die Jungen und Mädchen ihre Ängste vor ihren himmlischen Vater. Im Anschluss beschließen sie, jeden Tag für ihr Land zu beten. Damit sie es nicht vergessen, erhält jedes Kind ein Armband, das es an diese wichtige Aufgabe erinnern soll.

In einem bewegenden Brief schreiben uns Christen aus der Ukraine: „Vergesst uns nicht! Bitte betet für uns in dieser schweren Zeit!"

„Wer im Frühling seinen Garten nicht richtig bestellt, wird es kaum durch den nächsten Winter schaffen!" Dieser Satz macht in den „Vergessenen Dörfern" seine Runde. Die große Frage für unsere Mitarbeiter ist in diesen Tagen: „Wie helfen wir diesen Menschen, die es alleine nicht schaffen?"

Das Hauptnahrungsmittel ist in der Ukraine, genauso wie in Deutschland, immer noch die Kartoffel. Wir starten eine große „Kartoffelaktion" für Hilfsbedürftige, wie wir sie noch nie durchgeführt haben, anschließend folgt eine Gemüseaktion.

„Mutter, Mutter, das ist die letzte Kartoffel!" Vorsichtig legt die kleine Kinderhand eine Setzkartoffel in den warmen Boden. Sorgfältig wird sie mit weicher Erde zugedeckt. Mit unbändiger Begeisterung tanzen Kinder über den schwarzen Acker, klatschen vor Freude in ihre schmutzigen Hände. Erschöpft stützt sich ihre müde Mutter auf einen Spaten.

Tief bewegt beobachten Nachbarn die kleine Familie. Sie wissen: Hinter ihnen liegt ein Hungerwinter, ein scheinbar auswegloser Überlebenskampf. Viele Abende lag Julia mit ihren beiden Töchtern im Gebet auf ihren Knien, zog bettelnd durch die Nachbarschaft.

Die 29-jährige Julia muss die 5-jährige Anja und die 3-jährige Nastja allein erziehen. Ihr Mann hat sie schon lange verlassen, ist spurlos verschwunden. Das alte Dach ist undicht, es regnet in die Hütte hinein. Sorgen um den nächsten Tag lassen Julia nicht mehr ruhig schlafen.

Nachdem wir die Familie von Julia neu eingekleidet hatten, boten wir ihr an, sie mit Saatkartoffeln zu versorgen. Wie versteinert stand sie damals in ihrer kleinen Hütte, ihre Hände zitterten. Tränen flossen über ihr Gesicht, sie konnte ihr Glück einfach nicht fassen.

Wie einen wertvollen Schatz legen Nadia und ihre Kinder nun eine Kartoffel nach der anderen in die fruchtbare Erde. Mit jeder Kartoffel wächst die Freude in ihren Herzen.

„Mutter, warum schenken uns Menschen aus Deutschland, die uns gar nicht kennen, Kartoffeln?" Verwirrt schaut die kleine Anja ihre Mutter am Abend an. Ein wenig später knien sie vor einem Bett und danken Gott für das riesige Wunder, das sie erleben durften. Sie beten von Herzen für die Menschen in Deutschland, die dieses Wunder möglich gemacht haben.

45. Roma-Glück

Heiß knallt die Sonne auf die kleinen Hütten von Pawlowka. Doch Rada spürt die Hitze kaum. Unermüdlich schleppt sie mit ihrem Mann Eimer um Eimer Kartoffeln vom Feld, strahlt dabei über ihr ganzes Gesicht. Kopfschüttelnd beobachten Nachbarn das Schauspiel. Roma, die Kartoffeln anpflanzen – das haben sie noch nie erlebt! Die meisten ziehen eher bettelnd durchs Land.

Auch die Familie von Rada zog wie all die anderen Roma mit ihren beiden Kindern kreuz und quer durch die Ukraine, von Ort zu Ort, auf der Suche nach einem besseren Leben. Eines Tages landeten sie in einer verlassenen Hütte am Rand von Pawlowka. Kaputte Fenster, schiefe Türen und graue Wände waren allemal besser, als unter freiem Himmel zu schlafen, als ein winterlicher Überlebenskampf. Die Roma-Familie, die zuvor die Hütte bewohnt hatte, war weitergezogen, um ihr Glück an anderer Stelle suchen.

Ein erster Lichtstrahl erhellte die Finsternis von Rada und ihrer Familie, als wir ihre Kinder in unseren „Zufluchtsort" einluden. Unter den Nachbarn herrschte Fassungslosigkeit. Wer lädt schon Roma-Kinder ein?

Doch schon bald begannen sich Radas Kinder Rusanna und Wowa zu verändern. Sie grüßten ihre Nachbarn freundlich, bedankten sich höflich, wenn ihnen eine Großmutter einen Apfel schenkte. Sie wuschen sich im „Zufluchtsort", wurden von unseren Mitarbeitern neu eingekleidet, lernten Dinge, die kaum ein anderes Roma-Kind lernt.

Zu Hause sah es aber noch immer nicht besser aus. Ihre Eltern, die weder schreiben noch lesen können, fanden keine Arbeitsstelle. Ihr einziges festes Einkommen blieben weiterhin 40 Euro Kindergeld. Außerdem sammelten sie im Herbst heruntergefallene Walnüsse, die sie im Winter knacken und deren Kerne sie dann an eine Keksfabrik verkaufen.

Als wir Rada im letzten Frühling anboten, Kartoffeln anzupflanzen, war sie zuerst ein wenig verwirrt. Kartoffeln anpflanzen, das hatte sie noch nie gemacht. Eigentlich hatte sie noch nie richtig gearbeitet. Auf der anderen Seite war es ein verlockendes Angebot. So hätte ihre Familie eine gute Chance, den nächsten Winter einigermaßen zu überstehen.

Schließlich brachte Luda Slobodianik, die unsere Arbeit in den „Vergessenen Dörfern" leitet, den ersten Sack Saatkartoffeln und führte die Familie in ihre neue Aufgabe ein. Das Ergebnis war umwerfend. Zum ersten Mal konnte die Familie von Rada ihre Kinder mit ihren eigenen Händen ernähren. Sie hatten den ganzen Winter genug Kartoffeln, mussten nicht hungern und das zu einer Zeit, in der Rada schwanger war und ein weiteres Kind zur Welt brachte. So wurde die Familie von Rada zum Vorbild für andere Roma-Familien.

Im Herbst standen plötzlich einige Säcke mit Kartoffeln vor unserem „Zufluchtsort" in Pawlowka. Und auf einem kleinen bunten Plakat, das Rusanna gemalt hatte, die in der Zwischenzeit eingeschult worden war, stand in zittriger Kinderschrift: „Danke, ‚Brücke der Hoffnung', für die große Hilfe! Danke, dass ihr uns nicht aufgegeben habt! Eure Rada."
Es ist ein sonniger Frühlingstag in Pawlowka. Wowa gräbt ein Loch, in das Rusanna eine Kartoffel legt, bevor ihr Bruder es wieder zuschüttet. Stolz beobachtet Rada ihren Mann und ihre Kinder, drückt dabei ihr Baby an ihre Brust. Man spürt ihre Erleichterung, denn im kommenden Jahr werden sie selbst in der Wirtschaftskrise wieder genug Kartoffeln haben.

46. Gott – rette mich!

August 2014. Ruckartig richtet sich Sergej in seinem Bett auf. Kalter Schweiß strömt über sein blasses Gesicht. Ein heller Blitz durchzuckt den Himmel, ohrenbetäubender Donner erschüttert den Raum.

„Sergej … beruhige dich … es ist nur ein Gewitter …" Sanft streicht Wika über seine Haare.

Erschöpft lässt sich Sergej in sein Kissen fallen, versteht, dass er in Sicherheit ist, Hunderte von Kilometern vom grausamen Krieg, von seiner Heimatstadt Slawiansk, entfernt.

Doch sobald er seine Augen schließt, tauchen sie wieder auf, die schrecklichen Bilder, die er nicht vergessen kann.

Mit seinem klapprigen Bus fährt er über die zerbombte Hauptstraße in Slawiansk, beobachtet einen Mann mit einem Kinderwagen. Plötzlich tönt ein tödliches Zischen durch die Luft, das sein Blut in den Adern gefrieren lässt.

In Panik reißt der Mann sein Baby aus dem Kinderwagen, wirft sich über das Kind, um es zu schützen. Wenige Meter neben ihm explodiert die Bombe.

Sergej rast über die Straße, bleibt wie versteinert stehen. Der tote Mann begräbt unter sich das tote Baby. Da pfeift es schon wieder durch die Luft. Die Bombe schlägt zwischen zwei Häusern ein. Glassplitter wirbeln durch die Luft. Menschen rennen durch die Gegend, wissen nicht, wo sie nach Schutz suchen sollen. Jemand stürzt in Unterwäsche aus einem Haus. Schreiende Kinder. Unüberschaubares Chaos.

„Wir müssen weg … ich muss meine Familie retten …" Wirre

Gedanken jagen durch Sergejs Kopf. Von panischer Angst getrieben bahnt er sich den Weg über zerbombte Straßen. Vor ihm reißen Separatisten, mit Maschinenpistolen bewaffnet, einen Mann aus seinem Auto.

„Gott … rette mich …" Vor seinem Haus springt er aus dem Fahrzeug, bleibt wie angewurzelt stehen. Auf der anderen Straßenseite befand sich ein quirliger Markt. Jetzt steigt schwarzer Rauch aus den Marktbuden auf. Er sieht Blut auf dem Asphalt.

„Was ist, wenn meine Familie auch …" Er wagt nicht, den Gedanken zu Ende zu denken, rast die Treppe hoch, dritter Stock, vierter Stock, reißt die Tür auf. Was ist, wenn …?

Erschöpft und erleichtert bricht er in Tränen aus. Seine Frau und ihre drei Töchter hocken auf dem Boden, dicht aneinandergepresst. Sie leben!

„Wir müssen weg!" In Windeseile packen sie das Notwendigste, Kleidung, Dokumente, Fotoalben. Aber was ist in solchen Augenblicken das Notwendigste? Was nicht in den Bus passt, lassen sie einfach auf der Straße stehen.

Werden sie jemals zurückkommen? Wie wird ihre Wohnung dann aussehen?

Sergej tritt das Gaspedal bis zum Anschlag durch. Ihr Bus fliegt über Schlaglöcher, verfolgt von den Salven einer Maschinenpistole, vom grausamen Gelächter eines Mannes, der sich hinter einer Maske versteckt und sinnlos hinter ihrem Fahrzeug herballert.

Der Stadtrand kommt in Sicht und eine letzte gefährliche, von den Separatisten errichtete Barrikade, dann taucht vor ihnen eine Straßensperre des ukrainischen Militärs auf. Geschafft!

Doch immer wieder läuft der Film vor Sergejs Augen ab. Dann übermannt ihn der Schlaf. Seine Frau murmelt schlaftrunken: „Sergej … Sergej … wir sind in Sicherheit …"

Später sitzt Sergej im Gespräch mit unseren Mitarbeitern, schweißgebadet, während die schrecklichen Erinnerungen über seine Lippen fließen.

In den vergangenen Wochen sind 200 Flüchtlinge im Gebiet von Swetlowodsk eingetroffen. Wir helfen, wo wir können, doch die traumatischen Bilder werden diese Menschen wohl nie vergessen können.

47. Angst geht um

„Herr Petrow, hiermit teile ich Ihnen mit, dass Sie zum Militär eingezogen werden. Erscheinen Sie bitte am Samstag mit gepackter Tasche an unserem Militärstützpunkt in Swetlowodsk. Sie werden ins Kriegsgebiet geschickt!"

Wie erschlagen legt Dima Petrow, der unsere Missionsarbeit in der Ukraine leitet, den Telefonhörer auf, versucht das Unbegreifliche zu begreifen.

Vor ihm liegen zwei Wochen Urlaub, eine Zeit, in der er sich mit seiner Familie von den dramatischen Unruhen der vergangenen Wochen erholen will. Und nun diese schreckliche Nachricht. Bisher hat er die brutalen Bilder vom Krieg nur im Fernsehen miterlebt. Jetzt ist der Krieg plötzlich in seiner Wohnung angekommen.

Erschöpft sitzt Dima da, starrt vor sich hin, kann sich überhaupt nicht bewegen. Vor unserem Missionswerk liegen in der Kriegszeit riesige Herausforderungen. Nun wird er in den Donbas geschickt, wird dort vielleicht sein Leben verlieren. Verzweifelt ruft Dima einen Anwalt an, der ihn erst einmal beruhigt.

„Herr Petrow, man kann nicht telefonisch zum Militär eingezogen werden. Da muss ein Beamter kommen, da muss man erst einmal verschiedene Papiere unterschreiben."

Am Samstag macht sich Dimas Frau auf den Weg, um aus sicherer Entfernung zu beobachten, was am Militärstützpunkt passiert. Da stehen bereits 25 Männer mit gepackten Taschen. Ein grauer Militärtransporter fährt vor. Sie wagt kaum zu atmen. Ängstliche Gedanken rasen durch ihren Kopf, düstere Bilder steigen in ihr auf. Als sich das Fahrzeug entfernt und es langsam ruhig wird, kann sie keinen klaren Gedanken mehr fassen.

Am Sonntag besucht Familie Petrow ihre Gemeinde, als mitten im Gottesdienst zwei stämmige Männer den Raum betreten. Sind das Feldjäger, die Dima abholen wollen? Nein, Fehlalarm!

Gleich nach dem Gottesdienst packt Familie Petrow eilig ihre Sachen und fährt, wie geplant, zu Freunden in die westliche Ukraine.

Jeden Tag schaut Dima nervös ins Internet, bis er entdeckt, dass es ein neues Gesetz gibt. Väter von drei und mehr Kindern unter 18 Jahren dürfen nicht zum Militär eingezogen werden. Wir können Dimas Erleichterung nur erahnen. Er hat vier Kinder, drei davon sind noch keine 18 Jahre alt. Vor zwei Jahren hat Dimas Frau noch einen Nachkömmling auf die Welt gebracht, der eigentlich überhaupt nicht eingeplant war. Der Kleine rettet Dima jetzt vielleicht sein Leben.

Dieses Erlebnis zeigt, unter welcher Anspannung die Menschen in der Ukraine leben. Die Einschläge kommen näher und näher. Väter und Söhne aus Familien, die wir betreuen, wurden bereits zum Militär eingezogen. Wer wird der Nächste sein?

48. Wie geht es weiter?

„Schnell, schnell wir müssen uns im Keller verstecken." Die schrecklichen Explosionen werden lauter, rücken immer näher. Hunger quält sie, doch Familie Kulikowski hat nicht einmal Wasser, um ihren Durst zu stillen.

Als es ruhiger wird, schleichen sie aus ihrem Haus, erst die Erwachsenen, dann die Kinder. Das Nachbarhaus ist total zerbombt. Die kleine Julia kann ihre Tränen nicht zurückhalten, zittert am ganzen Körper. In dem Haus wohnte Nadja, ihre beste Freundin.

In dieser Nacht beschließt Familie Kulikowski, ihr Zuhause zu verlassen. Sie haben Todesangst.

Nun wohnen sie in einem kleinen Zimmerchen am Rand von Swetlowodsk, wissen nicht, ob ihr Haus in der Zwischenzeit auch zerbombt wurde, wissen nicht, wann sie in ihr Dorf zurückkehren können.

Immer mehr Jungen und Mädchen aus Flüchtlingsfamilien kommen in unsere Kinderhäuser. Dort versuchen wir ihnen zu helfen, ihre traumatischen Erlebnisse aufzuarbeiten.

Über ihrer Schulter hängt eine schwere Tasche, in ihrer Hand hält sie einen alten, zerbeulten Koffer. Kraftlos stolpert Wera eine dunkle Treppe hinunter. Ängstlich klammern sich zwei kleine Mädchen an ihr Kleid. Unsicher schauen sie sich auf der Straße um. Wo sollen sie hingehen? Eine Zeit lang konnten sie in einem dürftig eingerichteten Flüchtlingsheim in Swetlowodsk wohnen, doch die von der Regierung zugesagte finanzielle Unterstützung für das Haus wurde nie ausgezahlt. Es ist einfach kein Geld vorhanden. So wurde das Heim von einem Tag auf den anderen geschlossen.

„Mutter, wo gehen wir jetzt hin?" Die Kinder sitzen mit ihrer verzweifelten Mutter Wera an einer Bushaltestelle. Da hört Wera plötzlich, dass man in den „Vergessenen Dörfern" Unterkunft finden kann.

So landen sie bei Nina, einer alten Frau, die mit ihrem Leben völlig überfordert ist. Ihr Mann ist schon lange gelähmt und kann nur im Bett liegen. Wera hat mit ihren Kindern nun erst einmal eine Bleibe und Großmutter Nina bekommt Hilfe in ihrer schweren Lebenslage. Wera verspricht, im Haushalt, im Garten und mit dem gelähmten Großvater zu helfen. Doch wie geht es weiter?

„Das ist unser Holz ... wir haben es zuerst gefunden ... ich hab meine Arbeitsstelle verloren ... wir haben vier Kinder ... ich hab kein Geld, um Brennholz für den Winter zu kaufen ..."

„Und ich bin eine alleinerziehende Mutter ... mein Mann ist im Krieg im Donbas umgekommen ... Sie sollten Mitleid mit mir haben ..."

Kraftlos wankt Sergej aus seiner ärmlichen Hütte. Die aggressiven Wortfetzen, die an sein Ohr dringen, erinnern ihn an sein eigenes Schicksal. Es ist noch nicht lange her, seit er selbst vor dem sinnlosen Krieg geflüchtet ist, sein Hab und Gut im Osten der Ukraine zurücklassen musste.

In seiner Verzweiflung zog er damals in eine heruntergekommene Hütte in einem der unzähligen „Vergessenen Dörfer" der Ukraine. Sein letztes Geld setzte er dafür ein, die düstere Hütte bewohnbar zu machen. Wie hätte seine Familie mit drei Kindern den kalten Winter in einem Haus ohne Fensterscheiben und mit undichtem Dach überleben sollen?

Jemand schenkte ihnen einen rostigen Ofen, doch wie soll man in einem Gebiet, in dem es kaum Wälder gibt, Holz finden? Jeden

Tag streifen seine Kinder durch die Gegend, auf der Suche nach Heizmaterial.

Der Streit um das Holz wird immer lauter. Erschöpft hockt sich Sergej auf die wacklige Bank in seinem Garten. Mit wem soll er mehr Mitleid haben, mit einem Vater von vier Kindern, der seine Arbeitsstelle verloren hat, oder mit einer alleinerziehenden Mutter, deren Mann im Krieg ums Leben gekommen ist? Da ist so viel Leid, erschreckende Armut, unendliche Trostlosigkeit, unerträgliche Hoffnungslosigkeit.

Wie soll er mit anderen Menschen Mitleid haben, wenn eigene Sorgen unerträglich schwer auf seinen Schultern lasten? Soll er sein spärliches Geld für Lebensmittel, für Brennholz oder für Winterkleidung seiner Kinder einsetzen?

In der Zwischenzeit gibt es in den Brennholzfirmen der Umgebung Wartezeiten von über drei Monaten, einige haben sogar ganz ihre Tore geschlossen. Viele Familien fällen aus Verzweiflung ihre wertvollen Obstbäume. Auch sie stellen sich die Frage: „Wie wird es weitergehen?"

Langsam holpert ein Auto über die löchrige Dorfstraße. Auf einem Anhänger stapelt sich eine wertvolle Fracht – Brennholz. Da hat offenbar jemand Glück gehabt. Im nächsten Augenblick reißt Sergej ein Ruf aus seinen sorgenvollen Gedanken.

„Sergej, bist du zu Hause? Wir haben euch eine Ladung Brennholz gebracht." Es braucht einen Moment, bis Sergej versteht, dass er beschenkt werden soll, dass das Glück heute bei ihm einkehren wird. Vor Aufregung zittern seine Hände, seine Stimme versagt.

„Ja … ja … ich bin zu Hause …" Zwei Mitarbeiter von „Brücke der Hoffnung", die ihn vor einigen Tagen besucht und seine Familie mit Winterkleidung, Kartoffeln und Gemüse beschenkt haben, stehen am Gartenzaun.

„Setzt euch in unsere Hütte, meine Frau macht euch einen Tee. Ich werde den Hänger in der Zwischenzeit abladen." Sergej macht sich an die harte Arbeit, doch er spürt die schweren Holzstücke kaum. Sein Herz ist so leicht, so beschwingt, denn nun ist eine große Last von seinen Schultern genommen worden.

49. Eine wertvolle Erfahrung

„Eins … zwei … drei … vier … fünf … fünf!" Begeistert springt der achtjährige Slawunja im Garten herum, streckt mit seiner kleinen Hand ganz aufgeregt Kartoffeln hoch in die Luft, kann sein Glück kaum fassen.

„Vater, Vater … schau mal – aus *einer* Kartoffel sind *fünf* Kartoffeln geworden!" Gespannt gräbt seine Mutter mit bloßen Händen im dunklen Boden, säubert große Kartoffeln vorsichtig von feuchter Erde, betrachtet sie von allen Seiten. Die erste Ernte ihres Lebens!

Eine Kartoffelpflanze nach der anderen gräbt sie aus, Reihe um Reihe. Schon bald stehen volle Säcke mit Kartoffelknollen am Ackerrand, auf fruchtbarem Land, auf dem in der Vergangenheit nur Unkraut wucherte. In diesem Herbst erkannte die Roma-Familie zum ersten Mal, welch wertvoller Schatz in all den Jahren in ihrem Acker schlummerte.

Ein erster warmer Frühlingshauch strich über die Ukraine, als wir die Familie mit Setzkartoffeln beschenkten. Voller Enthusiasmus stürzten sie sich in die große Aufgabe. Ihre Rücken schmerzten, ihre Hände bluteten, am Abend lagen sie erschöpft in ihren Betten, doch sie hatten immer ein Ziel vor Augen: Im kommenden Winter wollten sie nicht, wie in jedem Jahr, bettelnd durch die „Vergessenen Dörfer" ziehen, wollten nicht mehr auf die Gutmütigkeit anderer Menschen angewiesen sein. Diesmal wollten sie allen beweisen, dass sie es aus eigener Kraft schaffen.

Nachbarn beobachteten nachdenklich das seltsame Schauspiel. Roma, die in ihrem „Vergessenen Dorf" einen Acker bewirtschaften, das war auch für sie eine ganz neue Erfahrung.

„Mutter, Mutter, Tante Luda ist gekommen!" Aufgeregt hüpft Slawunja zum Gartentor, begrüßt Luda Slobodianik und unsere „Jungen Missionare", die mit einem Bus und einem großen Anhänger gekommen sind. Wie vereinbart wollen sie einen Teil der Ernte abholen, um ihn einer anderen armen Familie zu bringen.

„Slawunja, willst du uns begleiten? Wir wollen einer Familie, die aus dem Krieg im Donbas geflüchtet ist, eure Kartoffeln schenken." Slawunja kann sein Glück kaum fassen. Ganz aufgeregt springt er zwischen den eifrigen Jugendlichen herum und hilft, schwere Säcke zum Fahrzeug zu schleppen.

Wenig später hält unser Bus vor einer kleinen Hütte im Nachbardorf. Drei Kinder stehen schüchtern am Gartenzaun, hinter ihnen eine blasse, müde Frau.

„Slawunja, für diese Familie habt ihr Kartoffeln angepflanzt." Stolz strahlt der Junge über sein ganzes Gesicht. Seine Augen werden immer größer, als die Mutter der drei Kinder vom Krieg erzählt, wie ihr Haus zerbombt wurde, wie sie in der Dunkelheit der Nacht im Kugelhagel von Todesangst getrieben über die Erde gekrochen sind, um ihr Dorf zu verlassen. Slawunja hört, wie sie alles zurücklassen mussten, ihr Haus, ihren Garten, ihre Kleidung, ihre Spielsachen. Nun hausen sie in einer verlassenen Hütte in einem „Vergessenen Dorf" und haben keine Arbeit, kein Geld, keine Freunde, keine Hoffnung. Immer wieder seufzt die Frau während ihrer Erzählung: „Wie soll es nur weitergehen … wie soll es nur weitergehen …"

Auf dem Heimweg ist Slawunja ganz still. Die traurige Geschichte der Familie hat ihn tief getroffen. Langsam versteht er, dass unsere Kartoffelaktion nicht nur seiner eigenen Familie geholfen hat, sondern dass sie selbst zu „Hoffnungsträgern" für Menschen werden durften, die diese Hoffnung bitter nötig haben.

50. Ermutigung

Sommer 2014. Mühsam schleppt Wassili Kolesnik schwere Taschen mit Lebensmitteln in unseren „Zufluchtsort" in Odarjewka, wo er als Hausmeister arbeitet. Die Hitze lässt sein Herz rasen, seine geschwollenen Beine schmerzen.

Noch fünf Stunden, dann ist es so weit. Vierzehn Jahre, eine lange Zeit. Wie wird sie aussehen, seine Tochter Irina? Wie soll er seinen beiden Enkeltöchtern begegnen? Seit Tagen kreisen seine Gedanken um kein anderes Thema, lassen ihn kaum noch schlafen.

„Wie soll ich mich verhalten, mit welchen Worten anfangen, nach vierzehn Jahren Trennung?"

Erschöpft lässt sich Wassili auf einen Stuhl fallen, schließt die Augen, lässt seinen Erinnerungen freien Lauf. Es hatte doch alles so gut angefangen – das erfolgreiche Studium in Kiew, das erste Treffen mit Natascha, seiner Frau. Kurze Zeit später die Hochzeit, dann die beiden Töchter, Irina und Alina. Wassili fand eine sichere Arbeitsstelle, verdiente gutes Geld. Schließlich aber kam für ihn ein tiefer Absturz: Zu viel Alkohol und falsche Freunde verändern ihn. Schließlich kann seine Frau ihn nicht mehr ertragen und verlässt ihn mit ihren Töchtern.

Angespannt sitzt Wassili nun im Auto von Peter Degtjar, auf dem Weg zum Bahnhof, umklammert krampfhaft ein Taschentuch. Ist es Scham, die überwiegt, oder doch die große Freude auf das Wiedersehen?

„Vater, ich warte auf dich! Ich werde dir alles vergeben, was du uns angetan hast!" Immer wieder klingen die ermutigenden Worte in seinen Ohren. Wassili war 43 Jahre alt, wollte sich das Leben nehmen. Nach zwei Jahren, in denen er einen brutalen Abstieg erlebte, brachte ihn ein Freund in ein christliches Rehabilitationszentrum. Wie oft hielt Wassili die Telefonnummer von Irina in seiner Hand? Doch er schämte sich zu sehr, um anzurufen.

Drei Jahre später gab „Brücke der Hoffnung" Wassili die Möglichkeit, als Hausmeister in unserem „Zufluchtsort" in Odarjewka zu arbeiten – eine Chance, die er nicht verpassen wollte. Schließlich hielt er es nicht mehr aus und rief seine Tochter an.

Das Signalhorn der Lokomotive verkündet stolz, dass der Zug in den Bahnsteig von Dneprodserschinsk einläuft. Wassilis Herz schlägt schneller. Ganz am Ende des Zuges steigt eine junge Frau mit zwei Mädchen aus. Tränen fließen über Wassilis Gesicht. Dann liegen sie sich in den Armen, Vater und Tochter, wollen sich gar nicht mehr loslassen.

„Lieber Gott, danke, dass ich meine liebe Tochter und meine Enkeltöchter treffen darf!" Ganz leise fließt ein Dankgebet über Wassilis Lippen.

Am nächsten Morgen sitzen sie zusammen im Garten unseres „Zufluchtsorts". Zum Frühstück gibt es leckere Pfannkuchen und frischen Kaffee. Heute werden die Gäste von ihrem liebevollen Vater und Großvater verwöhnt. Nach dem Frühstück schlendern die vier Hand in Hand durch Odarjewka.

„Vater, ich bin so froh, dass wir bei dir sind!" Wassili bleibt überwältigt stehen, nimmt seine Tochter liebevoll in seine Arme.

Die Arbeit in der Ukraine ist nicht immer leicht, besonders wenn der Krieg in der östlichen Ukraine tobt, Männer in die Armee eingezogen werden, Flüchtlinge verzweifelt durchs Land irren, die Wirtschaftskrise den Menschen oft jegliche Hoffnung raubt. Doch Erlebnisse wie das Treffen von Wassili mit seiner Tochter und seinen Enkelinnen schenken uns immer wieder neuen Mut und neue Kraft.

51. Achterbahnfahrt

November 2011. In rasender Geschwindigkeit jagt ein alter, klappriger Krankenwagen durch den normalen Moskauer Wahnsinn. Eine Stadt, die für vielleicht vier Millionen Menschen gebaut wurde, ist heute von 12 Millionen Menschen überflutet. Der Verkehr stockt, es bewegt sich überhaupt nichts mehr. Wie im Slalom navigiert der Fahrer sein Fahrzeug durch die Blechlawine. Ich habe mich oft gefragt, wie sich Patienten in solchen Augenblicken fühlen. Nun liege ich selbst in diesem Krankenwagen.

Vor wenigen Tagen habe ich noch auf unserer Missionskonferenz in Swetlowodsk gesprochen. Am nächsten Morgen sehe ich plötzlich Doppelbilder. Zwei Tage später suche ich Ärzte in Moskau auf, lande schließlich im Krankenwagen, auf dem Weg in ein russisches Krankenhaus. Hier liege ich in der Notaufnahme zwischen Schwerverletzten – Autounfälle, Messerstechereien –, eine blutige Angelegenheit. 14 Stunden lang werde ich von einem Arzt zum anderen transportiert. Niemand kann eine Diagnose stellen.

Als ich wenige Tage später wieder zu Hause lande, untersucht mich ein Neurologe in unserem Dorf und weiß sofort: „Sie haben eine Autoimmunerkrankung, eine Myasthenie, die wir mit Medikamenten einigermaßen in den Griff bekommen können. Dennoch wird Sie die Krankheit bis zu Ihrem Lebensende begleiten."

Wenn ich auf mein Leben und auf unsere Missionsarbeit zurückblicke, fällt mir unweigerlich der Vergleich mit einer Achterbahnfahrt ein.

Meine Frau und ich haben zwei Töchter. Als sie noch jünger waren, haben sie gerne mit uns Freizeitparks besucht. Der Höhepunkt solcher Ausflüge war meistens die Fahrt auf einer Achterbahn. Man fährt langsam hoch, bis auf schwindelerregende Höhen. So richtig kann man die gute Aussicht nicht genießen, denn man weiß, was gleich kommt – es geht fast im freien Fall nach unten. Es folgt eine steile Kurve und man erwartet voller Angst, herausgeschleudert zu werden. Meine Töchter neben mir in der Achterbahn sind ganz blass. Hätte ich gewusst, wie schrecklich dieses Abenteuer ist, wäre ich nicht mitgefahren! Auch meine Töchter haben ganz weiche Knie, als wir wieder festen Boden unter den Füßen haben. Doch nur zehn Minuten später stehen sie schon wieder in der Schlange, können es kaum abwarten, dass es wieder losgeht.

Auch in meinem Leben und in unserer Missionsarbeit gab es ein Auf und Ab, wie auf einer Achterbahnfahrt. Oft hatte ich Angst, befürchtete aus der Bahn geworfen zu werden, es nicht zu schaffen, aber es ging dann doch irgendwie immer weiter.

Als meine Achterbahnfahrt auf der Bibelschule in Wiedenest anfing, ahnte ich nicht, was auf mich und meine Familie zukommen würde. Es folgte eine Zeit, in der ich mit meiner Frau Bibeln nach Osteuropa geschmuggelt habe oder Familien finanziell unterstützte, deren Vater in einem Straflager saß, weil er seinem christlichen Glauben treu geblieben war. All das liegt mittlerweile wie ein Traum hinter uns – der Fall des Eisernen Vorhangs und das Zerbrechen des Kommunismus. Gott hat uns unfassbare Möglichkeiten geschenkt, uns beim Aufbau der Gefängnisarbeit, der Seelsorge, der Kinderhäuser und der Bekämpfung der Armut in der Ukraine geholfen.

52. Soruschka: Gott vertrauen

In all den Jahren der Missionsarbeit habe ich gelernt: Gott hat alles unter seiner Kontrolle! Das hat er eines Tages im März wieder einmal ganz deutlich unter Beweis gestellt:

Im März eines jeden Jahres kommt „Soruschka" nach Deutschland, eine Musikgruppe, die leitende Mitarbeiter unseres Missionswerkes aus der Ukraine gegründet haben. Sie stellt unsere Missionsarbeit in Wort, Bild und Liedbeiträgen in verschiedenen Gemeinden vor. Gerade ist der meiste Schnee in Deutschland geschmolzen. Nach zwei Missionsveranstaltungen in Hessen steht der Schwarzwald auf dem Programm. Gleich am ersten Abend der Soruschka-Tour, in der Nähe von St. Georgen, geschieht etwas, das uns nachdenklich stimmt.

Unser VW-Bus gerät auf Eis und rutscht, ohne dass wir etwas dagegen tun können, unaufhaltsam auf einen Abgrund zu. Er rutscht und rutscht und zehn Zentimeter vor einer Klippe kommt er zum Stillstand, aber so schräg, dass er jeden Augenblick umkippen kann. Vorsichtig klettern wir aus dem wackligen Fahrzeug, das beängstigend schwankt – eine höchst gefährliche Situation.

Unsere Nerven liegen blank. Freunde kommen zunächst mit einem Traktor, doch man kann den VW-Bus nicht einfach so auf die Straße ziehen. Schließlich sichern zwei Traktoren das Fahrzeug vor dem Abrutschen, unter dem Bus wird ein schweres Gerüst aufgebaut, das langsam durch einen großen Wagenheber angehoben wird. Traktoren ziehen, wir halten das Fahrzeug mit Seilen, damit es nicht umkippt. Dann stehen wir schließlich mit zitternden Knien vor dem geretteten Bus, danken Gott für die unglaubliche Bewahrung.

Am Abend sitzen wir, noch immer benommen, in unserem Quartier, überlegen, was uns Gott durch diesen Zwischenfall sagen will. Manchmal erleben wir das auch in unserer Missionsarbeit. Alles beginnt zu rutschen, man kann kaum Einfluss darauf nehmen. Doch wir erleben keinen Absturz. Kurz vor dem Abgrund kommt die Rettung. Wir können nur tatenlos zuschauen und beten. Denn manchmal bekommt eine Situation eine solche Schräglage, dass man das Gefühl hat, dass alles kippen wird.

Aber unser Erlebnis im Schwarzwald hat uns wieder einmal neu vor Augen geführt, dass Gott alles unter seiner Kontrolle hat, egal, wie unaufhaltsam eine Situation abrutscht, egal, wie wacklig sie aussieht. Aus diesem Wissen heraus wächst Vertrauen.

Es ist aber noch etwas anderes, was mich mein Abenteuer im Schwarzwald gelehrt hat. Ich hätte das Fahrzeug nicht *allein* aus seiner schwierigen Lage befreien können. Zwei Männer kamen mit Traktoren, einer mit einem großen Wagenheber, viele zogen mit Seilen.

Genauso, wie viele bei dieser Rettungsaktion geholfen haben, ist unsere Missionsarbeit nur deshalb möglich, weil uns unzählige Freunde in all den Jahren geholfen haben und hinter unserer Missionsarbeit standen. Diesen Missionsfreunden möchte ich mit diesem Buch danken!

Nachwort

„Die meisten Menschen in unserem Land haben ihre letzte Hoffnung schon lange verloren, versinken immer tiefer in finsteren Depressionen. Sie haben Leonid Krawtschuk und Leonid Kutschma, unsere beiden ersten Präsidenten, die Orange Revolution mit Wiktor Juschtschenko und Julia Timoschenko, die Zeit unter Wiktor Janukowitsch erlebt. Jeder versprach die Wende und bessere Lebensqualität. Die Enttäuschung war jedes Mal groß. Egal, wer an der Regierung war, es hat sich *nichts* geändert."

Gemütlich sitzen wir in kleiner Runde bei Freunden in der Ukraine. Ein Reizwort genügt und schon ist der Abend gelaufen. Jeder will seine Meinung beisteuern, die natürlich in Großstädten, Kleinstädten und in Dörfern unterschiedlich aussieht. Die ländliche Bevölkerung schaut kaum noch Nachrichten. Man ist müde von täglichen Kriegsbildern. Tageszeitungen werden fast überhaupt nicht mehr gelesen. Seine persönliche Haltung zu aktuellen Themen entwickelt man auf Familienfeiern oder bei Gesprächen an der nächsten Straßenecke, wo jeder mit neuesten Gerüchten auftrumpfen will.

„Die lügen uns im Fernsehen sowieso etwas vor. Wir wissen nicht, wem man noch glauben kann."

„70 Jahre Kommunismus haben viel zerstört. In Dörfern zahlt kaum jemand Steuern. Wie soll die Regierung mit dem wenigen Geld, das ihr zur Verfügung steht, über die Runden kommen? Unsere Straßen sind in einem schlimmen Zustand, müssten dringend repariert werden. Schulen schließen, weil Schüler im bitterkalten Winter nicht in ungeheizten Räumen lernen können, wenn die Heizungsanlage nicht mehr funktioniert. Kinder werden aus Dörfern in zentrale Schulen gebracht. Doch oft ist der Bus kaputt, es ist kein Geld für Diesel da oder der Busfahrer ist betrunken. Krankenhäuser befinden sich in katastrophalem Zustand. Ärzte zeigen nur wenig Interesse an Patienten."

Ich erinnere mich an eine Mitarbeiterin, die vor einer schweren Unterleibsoperation stand. Als sie auf dem Operationstisch lag, fragte der Arzt: „Wollen Sie eine ukrainische oder eine europäische Narkose?"

Was kann man sich finanziell leisten? Es fehlt an allen Ecken und Enden. Wo fängt man an?

Jemand spricht über den brutalen Überlebenskampf der Rentner, die, wenn man die Wohnnebenkosten abzieht, oft mit 30 Euro im Monat über die Runden kommen müssen. Es ist fast wie ein Todesurteil, wenn man dann noch eine behinderte Person in der Familie hat oder teure Medikamente braucht. Hinzu kommt, dass die Behörden bis heute von Korruption durchzogen sind.

„70 Jahre Kommunismus haben bei den meisten unserer Bürger jegliche Eigeninitiative zerstört. In Deutschland haben eure Trümmerfrauen nach dem Zweiten Weltkrieg ihre Ärmel hochgekrempelt, waren ein Teil des Aufbaus in schwerer Zeit. Bei uns in der Ukraine wartet man nur, dass der Nachbar etwas tut, die Regierung oder die Europäische Union."

Für einen kurzen Augenblick schweifen meine Gedanken ab. Mir fällt mein hessisches Dorf ein, in dem am Samstag die meisten vor ihrer Tür den Bürgersteig fegen. Das heißt für mich: Wenn mein Nachbar vor seiner Tür fegt, sollte ich auch vor meiner Tür fegen.

In der Ukraine ist es umgekehrt. Die Menschen sagen: Wenn mein Nachbar nicht vor seiner Tür fegt, warum soll ich es dann tun?

Da holt mich Sergej mit einem Statement auch schon wieder in die Realität unserer kleinen Runde am Tisch zurück.

166

„Manchmal habe ich das Gefühl, die riesige Flüchtlingsflut hat auch eine gute Seite. Endlich wachen Menschen auf, lernen, anderen zu helfen, nicht nur an ihren eigenen Vorteil zu denken."

„23 Jahre sind wir nun ein selbstständiges Land. Was hat sich in dieser langen Zeit in der Ukraine entwickelt? Wer hat, wie in vielen anderen Ländern, an unseren Reformen gearbeitet? Selbst jetzt, wo wir mit dem Rücken zur Wand stehen, erwarten wir wieder nur Hilfe aus dem Ausland", gibt Pawel zu bedenken.

Daraufhin schaut mich ein Vorarbeiter der Möbelfabrik fragend an.

„Was meinst du, welche Produkte aus der Ukraine könnte man bei euch in Deutschland verkaufen? Was könnte unsere einheimische Wirtschaft ankurbeln?"

Da muss ich schon lange überlegen. All die Jahre hat sich die Ukraine am großen Bruder orientiert. Doch im Gegensatz zu Russland kann die Ukraine ihre industrielle Schwäche nicht durch den Verkauf von Bodenschätzen kompensieren. Hinzu kommt, dass sich die wenigen lukrativen Industriebetriebe meistens in Händen von Oligarchen befinden. Kleine Firmen sind außerhalb der Städte kaum vorhanden.

Nachdenklich mache ich mich auf den Heimweg zu unserem Missionsbüro, tief berührt von der Hoffnungslosigkeit und Resignation meiner Gesprächspartner. Wie passt unser Missionsmotto „Hoffnungsträger für die Ukraine" zu diesem hoffnungslosen Abend? Wie könnte eine hoffnungsvollere Zukunft für die Ukraine aussehen?

Wladimir Klitschko, der Bürgermeister von Kiew, drückte das in einem Fernsehinterview folgendermaßen aus: „Die Zeit ist vorbei, in der wir versuchen, die Ukraine zu verändern. Wir müssen die Ukraine ganz neu aufbauen. Sie braucht neues Denken, neues

Verwaltungswesen, neue Infrastruktur, neue Ziele, sie muss ein ganz neues Land werden!"

Auch wir, als „Brücke der Hoffnung", suchen Menschen, die bereit sind, Neues aufzubauen. Wir suchen Mitarbeiter in der Ukraine, die sich weiterentwickeln wollen, die nicht sagen: „Es war schon immer so bei uns in der Ukraine, es wird immer so bleiben."

Unsere ukrainischen Mitarbeiter nehmen an Seelsorgeschulungen teil, um traumatisierten Kindern qualifiziert helfen zu können. „PEP4Kids" und „PEP4Teens", zwei positive Erziehungsprogramme für Kinder und Teenager, helfen uns in der Arbeit. „Alpha-Kurse" und andere biblische Programme bauen geistliche Fundamente im Leben unserer Jungen und Mädchen. „Lehrwerkstätten" bereiten unsere Teenager auf ihre berufliche Zukunft vor. „Junge Missionare" werden an die Aufgaben eines Missionars herangeführt.

Arme Familien pflanzen Kartoffeln und Gemüse nicht nur für sich selbst an, sondern auch für Familien, denen es noch schlechter geht als ihnen. Es geht nicht darum, Menschen zu helfen, die nur dasitzen, sich nicht verändern wollen, die nur auf Hilfe von außen warten.

Unser Grundsatz ist: „Wir wollen Kinder aus gestörten Verhältnissen dahin führen, dass sie ihr Leben mit Gottes Hilfe eines Tages selbst meistern können!"

Und genauso wollen wir armen Familien helfen, dass sie, soweit es ihnen möglich ist, viele ihrer Probleme selbst lösen.

Das ist ein weiter Weg, eine große Aufgabe. Wenn Sie uns dabei helfen wollen, sind Sie herzlich willkommen!

Informationen zu „Brücke der Hoffnung e.V."

„Brücke der Hoffnung e.V." ist ein eingetragener, gemeinnütziger Verein, der ausschließlich durch Spenden getragen wird.

Seit 1995 arbeitet „Brücke der Hoffnung" in der Ukraine unter Menschen, die durch politische und soziale Umwälzungen im Land an den Rand der Hoffnungslosigkeit getrieben wurden. Für sie führt der Verein Hilfsgütertransporte durch und organisiert Verteilaktionen in „Vergessenen Dörfern".

Das Hauptaugenmerk gilt jedoch den größten Verlierern in einem Klima von Arbeitslosigkeit, Alkoholismus und Verwahrlosung – den Kindern. In missionseigenen Tageskinderheimen und Sommerlagern betreuen Seelsorger und Pädagogen Kinder aus gestörten Familien. Hier erhalten sie eine Grundversorgung, wie warmes Essen, Kleidung, Schulmaterialien und liebevolle Zuwendung, die sie von zu Hause nicht kennen. Kinder- und Mitarbeiter-Patenschaften helfen, diese Kinder so lange zu begleiten und zu fördern, bis sie selbstbewusste, gut ausgebildete junge Erwachsene geworden sind, die mit Gottes Hilfe auf eigenen Füßen stehen können.

In der Winteraktion „Von Herz zu Herz" werden Menschen mit Bekleidung, Decken, Brennholz und Lebensmitteln versorgt. Im Frühjahr werden Saatkartoffeln und Gemüsesetzlinge zur Selbsthilfe zur Verfügung gestellt.

Monatlich erscheinende Rundbriefe und die Internetseite www.bdh.org geben einen aktuellen Einblick in die Lage der Menschen in der Ukraine und die Möglichkeit, wie Sie unsere Arbeit aktiv unterstützen können.

Bei Fragen wenden Sie sich bitte an unser Büro.

Kontakt:
Brücke der Hoffnung e.V.
Postfach 1165
35620 Hüttenberg

Hausadresse für Paketsendungen:
Am Brückelchen 42
35625 Hüttenberg

Tel. (06441) 73304
E-Mail: info@bdh.org
Web: www.bdh.org

BANKVERBINDUNG:
Volksbank Mittelhessen eG: BIC: VBMHDE5F
IBAN: DE45 5139 0000 0078 8266 06

Weitere Bücher von FRANCKE

Andrea Wegener
Ein Quäntchen Trost
Wie ich mein Herz für Haiti entdeckte
ISBN 978-3-86827-465-3
176 Seiten, gebunden

Sommer 2008: In »Ein Quantum Trost« rast James Bond auf einem Motorrad durch Port-au-Prince. Das exotische Flair dieser karibischen Stadt ist das perfekte Setting für einen aufregenden Action-Thriller.

Zwei Jahre später liegt diese Stadt in Trümmern, das Zentrum ist nach einem verheerenden Erdbeben ein einziger Schuttberg. Kein anderes Land der Welt braucht Trost und Hilfe dringender als das von Armut und Krankheit gebeutelte Haiti.

Eine Organisation, die zu Hilfe eilt, ist GAiN e.V., der humanitäre Partner von Campus für Christus. Eine der Freiwilligen, die sich auf den Weg nach Haiti macht, ist Andrea Wegener. Sie schildert in diesem packenden Buch, was für begeisternde und erschütternde, ermutigende und frustrierende Dinge man erleben kann, wenn man als Helfer in Krisengebieten mit anpackt. Die Leiterin der Öffentlichkeitsarbeit bei Campus für Christus war seit 2010 mehrfach in Haiti und erzählt eine außergewöhnliche Geschichte von seltener Authentizität.

Chi Huang mit Irwin Tang
Der Slumdoc
ISBN 978-3-86827-372-4
288 Seiten, gebunden

„Ich bitte Sie – Straßenkinder! Alles Drogenabhängige und Diebe! Lasst sie verrotten, sie sind doch keinen Pfifferling wert."

Für Dr. Chi Huang, den „Slumdoc", sind solche Worte, die er immer wieder von den Menschen aus seiner Umgebung hören muss, unerträglich.

Die Straßenkinder von La Paz können nicht anders, als sie zu glauben. Das ist der Refrain, der ihrem Herzen den Rhythmus vorgibt, das Urteil, das sie zu einem Leben in der Kloake der bolivianischen Hauptstadt verdammt.

Doch dort in den finsteren Gassen, wo es keinen Gott zu geben scheint, findet „Dr. Chi" etwas Wertvolles. Der Harvard-Absolvent und angehende Mediziner entdeckt Ende der neunziger Jahre bei jenen ungewollten und verlassenen Kindern in allem Tragischen einen Hoffnungsschimmer, der sein Leben und seinen Schulbuch-Glauben für immer verändert.

Und was 1997 mit einer zum Arztkoffer umfunktionierten Werkzeugbox beginnt, ist heute die segensreiche Arbeit mehrerer Waisenhäuser für die Ärmsten der Armen.

Ron Hall, Denver Moore
mit Lynn Vincent
Genauso anders wie ich
Eine unglaublich wahre Geschichte
ISBN 978-3-86827-307-6
280 Seiten, gebunden

Ein moderner Sklave, ein erfolgreicher Geschäftsmann und die unglaubliche Frau, die beide zusammenbrachte.

»Genauso anders wie ich« ist die Geschichte eines gefährlichen Landstreichers, der wie ein Sklave auf den Baumwollfeldern Louisianas aufwuchs, eines Kunsthändlers von Rang und Namen, der in der Welt von Armani und Chanel zu Hause ist, und einer mutigen Frau, die die beiden zusammenbringt, weil sie konsequent ihren großen Traum verfolgt.

Es ist eine wahre Geschichte, die so unglaublich ist, dass kein Romanschriftsteller sie hätte erfinden können.
Sie nimmt ihren Anfang in einer brennenden Hütte auf einer Plantage in Louisiana, in einer mondänen Villa in Hollywood und – mitten im Herzen Gottes. Und sie mündet in einem faszinierenden Projekt, das eine ganze Stadt verändert und Tausenden neue Hoffnung bringt – initiiert von zwei Männern, die unterschiedlicher nicht sein könnten.
Packend und ergreifend schildern Ron Hall und Denver Moore ihre Geschichte, und durch alle Grautöne hindurch schimmert mit jeder Seite intensiver die leuchtende Liebe Gottes.

Christian Döring
Bibel statt Parteibuch
Mein Leben als Christ in der DDR
ISBN 978-3-86827-466-0
158 Seiten, gebunden

Mit seinen 25 selbst erlebten, authentischen Geschichten wirft
Christian Döring 25 Schlaglichter auf die ganz besonderen Um-
stände, die den Alltag eines DDR-Bürgers bestimmten. Er stellt
sich den Fragen von Christian Heinritz, einem gleichaltrigen
»Westler«, und gewährt tiefe Einblicke in sein Aufwachsen und
Leben als Christ in der DDR.

Für die, die erlebt haben, was es heißt, als »politisch Unzuverläs-
siger« in einem sozialistischen Staat zu leben, holen die Schlaglichter das entsprechende Lebensgefühl aus der immer stärker her-
einbrechenden Dämmerung des Vergessens und helfen ein kleines
Stück weit, selbst Erlebtes zu verarbeiten.

Für die, die im Westen aufgewachsen sind, eröffnen die Geschichten ein Universum ebenso unbekannter wie spannender Erfahrungen, die helfen, die jüngste deutsche Geschichte besser zu verstehen.

Christian Döring nimmt uns alle mit auf eine faszinierende Reise
in die Vergangenheit.

Lothar von Seltmann
Rosa Krebs
Die Mutter der drei vom Himmelhorn
ISBN 978-3-86827-464-6
256 Seiten, gebunden

Ihr Leben war geprägt von tiefem Glauben und von der Hingabe und Liebe für ihre Familie: Rosa Krebs (1902 – 1987). Wie Rosa und ihr Mann Hans nach vielen Krisen und Herausforderungen schließlich ihre Lebensaufgabe darin fanden, ein christliches Freizeitheim zu gründen, davon berichtet diese berührende Biografie.

Auch die größte Tragödie – der tödliche Unfall ihrer drei Söhne – konnte das Vertrauen von Rosa und Hans Krebs in ihren großen Gott nicht erschüttern. So wurden sie zum Segen für viele Menschen, die der Familie Krebs im »Christlichen Freizeit- und Bibelheim« in Oberstdorf begegneten.

Elisabeth Stiefel
Sie waren Sand im Getriebe
Frauen im Widerstand
ISBN 978-3-86827-493-6
128 Seiten, gebunden

Dieses Buch porträtiert bekannte und weniger bekannte Frauen des Widerstandes gegen das Nazi-Regime. Faszinierende Frauen, die es wagten, während der Nazidiktatur kritische Fragen zu stellen. Frauen, die sich mutig für die Rechte verfolgter Minderheiten einsetzten. Aber auch „stille Heldinnen", die im Verborgenen wirkten und jüdische Mitbürger unter Einsatz ihres eigenen Lebens versteckten. Neben der Philosophin Edith Stein und der Widerstandskämpferin Corrie ten Boom porträtiert Elisabeth Stiefel die Lehrerin Elisabeth von Thadden, die Juden bei der Flucht ins Ausland half. Die Theologin Katharina Staritz setzte sich für jüdische Christen ein. Pfarrfrauen wie Elisabeth Goes, Gertrud Mörike und Johanna Stöffler nahmen in ihren Häusern Juden und andere Verfolgte auf. Gemeinsam war ihnen allen die Verankerung im christlichen Glauben, die ihr mutiges Handeln erst ermöglichte.